W0314401

L’histoire des Évangiles

Michel Quesnel

L'histoire des Évangiles

cerf
fides

© *Les Éditions du Cerf,* 1987
ISBN 2-204-02684-0 (Cerf)
ISBN 2-7621-1370-9 (Fides)

Introduction

Les évangiles

Ils sont quatre. Trois plus un, plus précisément, un peu comme les « Mousquetaires », car le dernier venu, celui de Jean, est sensiblement différent des autres.

Ils font partie de la Bible. Mais le contact qu'on a avec eux vient plus souvent d'un office entendu dans une église ou dans un temple, puisqu'on en lit toujours au moins quelques lignes. Ils mettent généralement Jésus en scène, soit qu'il parle, soit qu'il agisse, souvent les deux ; soit qu'il se laisse faire comme au moment de sa mort, ou que des témoins le reconnaissent vivant après sa résurrection.

Ils imprègnent notre culture dite occidentale, nourrie par vingt siècles de christianisme, encore que ce ne soit plus tout à fait vrai. On rencontre de plus en plus, dans des pays de chrétienté traditionnelle, des gens qui ignorent tout des évangiles, surtout parmi les plus jeunes : la culture évolue, la formation religieuse est moins répandue. Jésus ? — Connais pas... ou presque pas !

Les évangiles officiels, d'ailleurs, sont-ils les

meilleurs documents pour connaître Jésus ? Ils ont été rédigés plusieurs dizaines d'années après les faits et on peut penser que, pendant toute cette période, l'information s'est dégradée. Sans compter qu'ils laissent d'énormes trous dans la vie de celui qui en est le héros : mis à part les événements qui accompagnent sa naissance et une scène fameuse, au Temple de Jérusalem, lorsque Jésus avait douze ans, ils ne rapportent rien de lui avant sa trentième année.

On se demande alors légitimement s'il n'y a pas d'autres sources bien informées ou même mieux, les évangiles apocryphes, par exemple ; l'Église les aurait tenus secrets parce qu'ils donnent des renseignements ne correspondant pas à sa doctrine, mais ils auraient justement la qualité d'être moins dogmatiques que les autres, et donc plus objectifs.

Soyons sérieux. En bonne méthode, il ne sert à rien de remplacer un a priori par un autre. La meilleure façon d'apprécier les informations fournies par les évangiles, les apocryphes et les autres (qu'on appelle « canoniques » car ils appartiennent au canon — ou à la règle — des Écritures), est de connaître leur histoire : comment ils sont nés, quelles sont les différentes étapes de leur composition, comment ils ont été transmis, lus, traduits avant d'être imprimés dans nos éditions modernes.

Les chapitres qui suivent s'étendront davantage sur les origines (de Jésus à la rédaction des textes) que sur la transmission jusqu'à nous des textes rédigés, mais tous les moments importants de ces deux mille ans d'histoire seront néanmoins évoqués.

1

A la source

Quand commence l'histoire des évangiles ? Le moment précis n'est pas facile à déterminer, et l'on peut dire que le choix de cette date conditionne la présentation qui sera faite ensuite. Trois options semblent possibles :

1. Faire commencer l'histoire des évangiles à la naissance de Jésus ou même, si l'on veut remonter plus haut, au moment de sa conception, neuf mois auparavant. D'une certaine façon les évangiles vinrent à l'existence en même temps que Jésus puisque sa personne est au centre des récits évangéliques ; la Bonne Nouvelle est inaugurée par l'Incarnation ; l'une ne saurait être dissociée de l'autre.

2. On pourrait aussi choisir le début de la prédication évangélique, moment où Jésus quitta Nazareth pour se consacrer à une mission particulière. Jésus est le fondateur d'un mouvement qui prit par la suite beaucoup d'ampleur ; l'histoire des évangiles démarre quand le mouvement fut lancé, lorsque Jésus commença à être connu et qu'il regroupa quelques disciples. Avant que le message évangélique ne soit proclamé, il est trop tôt pour parler de Bonne Nouvelle proprement dite.

3. Pour aller encore plus loin dans ce sens, peut-être faut-il situer l'origine vraie des évangiles à la résurrection de Jésus, car elle est comme l'acte de naissance du christianisme. Ce que saint Paul appelle « Évangile », c'est la Bonne Nouvelle de la Résurrection et, dans sa première lettre aux Corinthiens, il écrit : « Si Christ n'est pas ressuscité, notre prédication est vaine et vaine aussi votre foi. » (1 Co 15,14). Effectivement, si les disciples de Jésus qui l'avaient vu mort n'avaient pas eu, quelques jours après, la conviction qu'il était vivant, l'histoire du prophète de Galilée serait tombée dans les oubliettes et les évangiles n'auraient jamais vu le jour. Jésus ferait alors partie de ces prédicateurs d'espoir dont le monde a connu plusieurs exemples et dont il ne garde même pas le souvenir.

Ces trois conceptions ont chacune leur part de légitimité et peuvent être défendues par de solides arguments. A la réflexion, c'est la deuxième qui paraît la meilleure, car elle résiste mieux que les autres aux objections, en même temps qu'elle est plus conforme aux formulations bibliques.

Certes, sans la résurrection de Jésus, il n'y aurait ni évangiles ni Église ; Pâques est l'événement par lequel la carrière du prophète, qui s'était terminée par un échec, fut transformée en chemin d'espérance. Pour le croyant, la Résurrection est plus qu'un tournant, elle est le pivot sur lequel repose l'histoire du monde. Il est cependant difficile d'en faire un commencement absolu. Le Ressuscité est le même homme que celui qui sillonna deux ou trois ans les routes de Galilée, étonnant ses auditeurs par l'originalité de son enseignement et soutenant sa prédication par de nombreux miracles. Et les premières personnes qui ont proclamé Jésus vivant pour toujours sont celles qui, avant sa mort, l'avaient accompagné dans ses déplacements ; quand il s'est montré après Pâques, elles l'ont *reconnu*, se rappelant tout ce qui s'était passé dans leurs années de vie commune. Bref, le temps pendant lequel Jésus a vécu sa mission de prédicateur fait déjà partie de l'histoire des évangiles.

Peut-on en dire autant de sa vie cachée à Nazareth et situer la naissance lointaine des évangiles à Noël ou à l'Annonciation ? Au sens large, peut-être. Mais les faits qui entourèrent la naissance de Jésus furent discrets ; un silence quasi complet occupe les trente années de la vie à Nazareth ; et l'enfance de Jésus n'a d'importance qu'en fonction de ce qui se passa plus tard. Les évangélistes Marc et Jean n'en rapportent rien, ce qui montre bien que, pour eux, ces épisodes ne font pas partie de l'Évangile proprement dit.

En fait, les premiers événements que les quatre évangélistes ont en commun sont la prédication de Jean Baptiste au Jourdain, la venue de Jésus auprès du Baptiste et le début de la prédication de Jésus lui-même, accompagnée des premiers miracles. C'est là qu'il faut situer l'acte de naissance des évangiles et, curieusement, plusieurs écrits du Nouveau Testament s'accordent pour appeler cette période le « commencement ».

Dans les Actes des Apôtres, Pierre, prenant la parole pour présenter Jésus au centurion Corneille et à sa famille, s'exprime ainsi : « Vous le savez. L'événement a gagné la Judée entière ; *il a commencé* par la Galilée, après le baptême que proclamait Jean » (Ac 10,37). Jean l'Évangéliste conclut son récit des noces de Cana de la façon suivante : « Tel fut, à Cana de Galilée, le *commencement* des signes de Jésus » (Jn 2,11). Et saint Marc ouvre son livre par une suite de trois tableaux qui constitue le « *commencement* de l'Évangile de Jésus Christ Fils de Dieu » : la prédication de Jean Baptiste, le baptême et la tentation de Jésus, les premières paroles proclamées par Jésus en Galilée (Mc 1, 1-15).

Mise au point

JEAN LE BAPTISTE ET JEAN L'ÉVANGÉLISTE

Ne confondons pas les deux hommes !

Saint Jean Baptiste (fête le 24 juin), fils de Zacharie et d'Élisabeth, avait six mois de plus que Jésus. Prédicateur au désert, il eut ses propres disciples, baptisa son cousin de Nazareth et finit par être décapité sur ordre d'Hérode Antipas, roi de Galilée. Sa tête apportée sur un plat fut la conclusion macabre d'un célèbre banquet d'anniversaire.

Saint Jean l'Évangéliste (fête le 27 décembre), fils de Zébédée, est l'un des douze apôtres. Pêcheur de son métier, il fut appelé par Jésus à le suivre en même temps que Jacques, son frère, au bord du lac de Tibériade. La tradition le fait mourir très âgé à Éphèse, et le donne comme auteur du quatrième évangile ainsi que de l'Apocalypse.

Le texte biblique lui-même est le guide le plus sûr pour indiquer quand commence l'histoire des évangiles proprement dite. On peut, bien entendu, remonter beaucoup plus haut dans leur préhistoire : les annonces prophétiques du Messie ou même les promesses adressées à Abraham sont déjà pour le chrétien un évangile en germe ; les écrits de Matthieu, Marc, Luc et Jean contiennent d'ailleurs de nombreuses citations de l'Ancien Testament ; mais le groupe humain dans lequel les évangiles se formèrent se constitua autour de l'année 28 de notre ère, au moment où un homme de Nazareth prit ses distances par rapport à sa famille et à son village pour rejoindre un prédicateur des bords du Jourdain et commencer à son tour une tournée de prédication.

LE COMMENCEMENT

« Jésus, *en commençant*, était âgé d'environ trente ans », écrit l'évangile selon saint Luc (3,23). Il se fit d'abord remarquer dans le groupe d'hommes et de femmes qui entourait Jean Baptiste dont il était, selon une tradition rapportée également dans l'évangile de Luc, cousin par sa mère : Élisabeth et Marie étaient parentes (Lc 1,36).

Jean est le représentant le plus célèbre d'un courant qui eut une certaine importance au Ier siècle de notre ère : les mouvements baptistes. Les contours n'en sont pas très faciles à cerner ; les courants populaires ne laissent en général pas de traces écrites, et l'histoire moderne n'a que peu de documents précis concernant les baptistes ; il s'agissait d'ailleurs de groupes beaucoup moins structurés que les trois grands courants juifs religieux de l'époque, les pharisiens, les sadducéens et les esséniens.

Parmi les témoignages sur les baptistes, il en est un qui mérite pourtant d'être cité, celui de l'historien juif Flavius Josèphe (né à Jérusalem en 37, mort à Rome aux environs de l'année 100) qui rapporte dans son *Autobiographie* les essais qu'il fit dans sa jeunesse à la recherche d'un maître :

> Mes grands progrès dans les études me valaient une réputation de mémoire et d'intelligence supérieures. N'étant encore qu'au sortir de l'enfance, vers ma quatorzième année, tout le monde me félicitait pour mon amour de l'étude, car continuellement les grands prêtres et les notables de la cité venaient me voir pour apprendre de moi tel ou tel point particulier de nos lois. Vers l'âge de seize ans, je voulus faire l'expérience des diverses sectes de notre nation. Il y en a trois : la première, celle des pharisiens, la seconde, celle des sadducéens, la troisième, celle des esséniens ; j'en ai déjà parlé plusieurs fois. Dans ma pensée, apprendre aussi à les connaître toutes à fond me permettrait de choisir la meilleure.
>
> Au prix d'une austère application et d'un labeur considérable, je passai par toutes les trois. Je ne m'en tins même pas à cette expérience, mais ayant entendu parler d'un certain Bannous qui, vivant au désert, se contentait pour vêtement de ce que lui fournissaient les arbres, et pour nourriture de ce que la terre produit spontanément, et usait de fréquentes ablutions d'eau froide de jour et de nuit, par souci de pureté, je me fis son émule.
>
> F. JOSÈPHE, *Autobiographie*, II, 9-11
> Traduction A. Pelletier

Chronologiquement, Bannous est postérieur de quelques années à Jean Baptiste, mais bien des éléments favorisent le rapprochement entre les deux hommes : le désert, l'austérité de la nourriture et du vêtement, les ablutions. Celui dont Flavius Josèphe fut pour un temps l'émule s'inscrivait dans le même courant spirituel que Jean et un certain nombre d'autres qui n'eurent pas la chance, comme Bannous ou Jean, d'avoir des disciples aussi célèbres que Josèphe ou Jésus.

Jean Baptiste était mort depuis près de dix ans lorsque Flavius Josèphe naquit à Jérusalem. On ne peut donc s'attendre à trouver chez l'historien juif un témoignage aussi personnel sur Jean que celui qu'il donne sur Bannous. Il le nomme pourtant dans ses *Antiquités juives*, et les quelques lignes qu'il lui consacre permettent de se rendre compte de ce qu'on disait chez les juifs de la personne et de la doctrine de Jean :

> Hérode l'avait fait tuer, quoique ce fût un homme de bien et qu'il excitât les juifs à pratiquer la vertu, à être justes les uns envers les autres et pieux envers Dieu pour aller ensemble au baptême ; car c'est à cette condition que Dieu considérait le baptême comme agréable, s'il servait non pour se faire pardonner certaines fautes, mais pour purifier le corps, après qu'on eut préalablement purifié l'âme par la justice. Des gens s'étaient rassemblés autour de lui, car ils étaient très exaltés en l'entendant parler.
>
> F. JOSÈPHE, *Antiquités juives*
> XVIII, 116-119
> Traduction Th. Reinach

En dehors de cette description assez neutre, les seuls renseignements anciens que nous possédons sur Jean Baptiste nous viennent du Nouveau Testament. L'homme est présenté en fonction des rapports qu'il eut avec Jésus ; à mesure que les traditions chrétiennes se formaient, Jean n'intéressait plus pour lui-même, mais en tant que pivot entre l'ancienne et la nouvelle alliance, le prédicateur du désert prenant peu à peu la stature unique du Précurseur. C'est à ce titre qu'il occupe une grande place dans les quatre évangiles et dans les Actes des Apôtres. L'Église se l'est approprié ; pour savoir ce qu'il fut historiquement, il faut être conscient de la part de réinterprétation dont les textes sont porteurs.

Il est cependant possible de cerner les principaux aspects de la personnalité et du message de Jean Baptiste :

— Jean vivait dans l'attente prochaine du Jugement dernier et parlait en conséquence. Cette conviction était assez courante dans le monde juif du Ier siècle, période riche en bouleversements politiques dans le monde méditerranéen oriental qui semblaient préparer le grand bouleversement final. Pour décrire ces événements redoutés par les uns et désirés par les autres, il utilisait les images habituelles de l'époque, empruntées à des œuvres contemporaines qu'on appelle « écrits apocalyptiques » : le vent de l'Esprit qui balaie fétus et feuilles mortes, mais qui laisse en place tout ce qui est lourd ou bien planté ; le feu qui brûle les matières inconsistantes mais purifie les métaux précieux. Sans doute, ces forces cosmiques seraient-elles aux mains d'un envoyé de Dieu chargé d'exécuter les décisions suprêmes et dont Jean disait : il est « plus fort que moi » (Mc 1,7).

— L'attente du jugement proche allait de pair avec la conviction que les institutions juives de l'époque ne remplissaient pas leur mission : des prêtres sadducéens installés dans leur pouvoir sacerdotal et préservant leurs privilèges par des alliances suspectes avec les Romains ; des pharisiens perdus dans une casuistique compliquée, inaccessible aux petites gens ; des esséniens assoiffés de pureté mais la pratiquant dans un esprit de caste fermée sur elle-même. Si Jean a eu des contacts avec le monastère essénien de Qumrān, situé près de la mer Morte, il s'en distingue pourtant par un accueil ouvert à tous. Comme les autres prédicateurs baptistes, Jean est un contestataire : il fuit Jérusalem, ses corruptions et compromissions ; il exalte le désert, lieu traditionnel de purification et de cœur à cœur avec Dieu.

— Un rite dérivé des ablutions juives était proposé à ceux qui acceptaient ces perspectives : une immersion dans l'eau courante qu'on appela « baptême de conversion en vue du pardon des péchés » (Mc 1,4). Il exprimait le repentir de celui ou celle qui le recevait tout en le protégeant contre les effets néfastes du jugement imminent. D'une certaine façon, il faisait entrer dans la communauté des sauvés. Sans que ce soit une certitude, on peut penser que le rite baptismal avait remplacé, pour les baptistes et leurs disciples, les sacrifices offerts au Temple de Jérusalem en réparation des péchés. Dans un contexte de mise en cause du sacerdoce en place et de ses pratiques, c'est assez probable.

Les évangiles gardent le souvenir d'un séjour de Jésus auprès du Baptiste. Un temps, Jésus fut disciple de Jean ; c'est de ses mains qu'il reçut le baptême.

Vint un moment où il prit pourtant à son tour la tête d'un petit groupe baptiste indépendant. Avec quelques disciples, dont la plupart étaient, comme lui, anciens disciples de Jean, il commença une tournée de prédication soutenue par la pratique du rite baptismal. L'évangile selon saint Jean, celui qui donne le plus de détails sur cette période du commencement, est ici notre principale source. A la suite de l'entretien de Jésus avec Nicodème, il écrit : « Après cela, Jésus se rendit avec ses disciples dans le pays de Judée ; il y séjourna avec eux et il baptisait » (Jn 3,22).

Jésus est sorti de l'ombre. Un groupe d'hommes s'est attaché à lui, qui accorde de l'importance à ses paroles et à ses gestes. L'histoire des évangiles est commencée.

GESTES VUS ET PAROLES ENTENDUES

Dans les premières semaines de sa vie itinérante, Jésus fut sans doute perçu comme un baptiste parmi d'autres, en concurrence plus ou moins nette avec Jean. Le nombre de ses disciples et celui des baptêmes pratiqués au sein de son groupe devenait plus important, ce qui n'alla pas sans créer une certaine gêne dont parle le quatrième évangile : « Quand Jésus apprit que les pharisiens avaient entendu dire qu'il faisait plus de disciples et en baptisait plus que Jean — à vrai dire, Jésus lui-même ne baptisait pas, mais ses disciples — il quitta la Judée et retourna en Galilée » (Jn 4,1-3).

Le groupe de Jésus et de ses disciples cessa pourtant assez vite de pratiquer des baptêmes — on n'en trouve plus trace dans la suite des évangiles — et prit des distances de plus en plus grandes par rapport au mouvement baptismal. On peut parler d'une véritable dissidence. Ce fut l'occasion de questions posées à Jésus, telle celle-ci que rapporte l'évangile de Marc : « Les disciples de Jean et les pharisiens étaient en train de jeûner. Ils viennent dire à Jésus : "Pourquoi, alors que les disciples de Jean et les disciples des pharisiens jeûnent, tes disciples ne jeûnent-ils pas ?" » (Mc 2,18). Et Jésus n'hésita pas à souligner le contraste existant entre la conduite du Baptiste et la sienne : « Jean est venu, il ne mange ni ne boit, et l'on dit : "Il a perdu la tête." Le Fils de l'homme est venu, il mange, il boit, et l'on dit : "Voilà un glouton et un ivrogne, un ami des collecteurs d'impôts et des pécheurs" » (Mt 11,18-19). Ainsi Jésus et Jean furent-ils vivement critiqués l'un et l'autre, mais pour des raisons différentes, voire opposées.

A mesure que les semaines passaient, l'enseignement et le style de vie de Jésus furent perçus comme tout à fait originaux, les liens de départ avec le baptisme s'estompant progressivement.

Jésus est moins radical que Jean dans son opposition aux différents courants religieux de son époque. Son interprétation de la Loi juive est très proche de la pensée pharisienne, ouverte aux situations concrètes et sensible aux changements de société intervenus depuis l'Exode. Il est vrai qu'il a contre les pharisiens des paroles extrêmement violentes ; il reproche à beaucoup leur suffisance hautaine et leur mépris des petites gens, ainsi que l'hypocrisie qui consiste à utiliser leur savoir pour tourner les commandements à leur avantage ; mais cela ne l'empêche pas de reprendre dans son enseignement de nombreux points de leur doctrine. La tradition a d'ailleurs retenu de solides amitiés entre Jésus et certains membres éminents du parti pharisien, Nicodème ou Joseph d'Arimathie par exemple.

Son opposition aux milieux sacerdotaux du Temple semble plus nette. Les prêtres sadducéens furent sans doute les principaux responsables de son arrestation et de sa mort. Jamais les évangiles ne montrent Jésus participant aux sacrifices du Temple. Est-ce un oubli volontaire des textes ou un reflet fidèle de l'histoire ? C'est très difficile à dire. Quoi qu'il en soit, Jésus ne fuit pas systématiquement Jérusalem comme Jean-Baptiste semble l'avoir fait. Il fréquente assez habituellement les galeries couvertes qui entourent le sanctuaire ; c'est souvent là qu'il enseigne. Et l'évangile de Jean écrit à plusieurs reprises qu'il monta à la Ville sainte pour telle ou telle grande fête de l'année juive. Pourquoi ces voyages sinon pour se mêler d'une façon ou d'une autre aux célébrations du Temple ?

De façon générale, Jésus vit d'ailleurs beaucoup moins en marge que Jean ou d'autres prédicateurs baptistes. Le désert est un de ses lieux de prédilection quand il veut prier ou prendre du recul par rapport à la foule de plus en plus nombreuse qui l'accompagne dans ses déplacements. Mais habituellement il fréquente les villes et leurs synagogues. C'est même dans le cadre des offices synagogaux qu'il donna toute une part de son enseignement. Il serait tout à fait inexact de s'imaginer Jésus prêchant presque exclusivement en plein air, comme le suggèrent des images d'Épinal influencées par le Sermon sur la montagne ou la Multiplication des pains. Jésus se déplaçait souvent, mais cela ne l'empêchait pas d'être quotidiennement mêlé à la vie de tout le monde.

La façon dont Jésus vivait fait un tout avec l'enseignement qu'il dispensait ; les quatre évangiles sont unanimes pour affirmer que l'un ne peut être séparé de l'autre. Les distances qu'il prit par rapport à Jean Baptiste se font sentir dans l'originalité de son message tout autant que dans son style de vie ou ses relations, encore qu'on n'ait guère les moyens de mettre en parallèle les contenus respectifs de leurs prédications. Celle de Jean n'occupe dans les évangiles que quelques lignes ; elle se limite à une préparation du ministère de Jésus. Celle de Jésus est au contraire très développée, mise en valeur pour elle-même et pour toutes les suites qu'elle aura dans la vie de l'Église.

Globalement on peut pourtant dire que le message de Jean Baptiste et celui de Jésus ont en commun d'annoncer la proximité de la fin des temps et l'imminence du jugement. Mais justement, alors que Jean Baptiste insiste sur la sévérité d'un jugement auquel personne ne pourra se soustraire, Jésus centre son annonce sur une réalité plus positive :

« Le Règne de Dieu s'est approché » (Mc 1,15).

Le Règne de Dieu, cette réalité qui, comme la vie, échappe à toute définition, fut sans doute un des termes clefs de la prédication de Jésus ; il évoque une intervention divine dans le monde créé, victorieuse et instauratrice de justice et de paix. Il est proclamé comme existant en même temps qu'impossible à mettre en évidence, déjà présent et encore à venir. Il se dérobe à partir du moment où on croit le saisir ; il est une invitation permanente à aller de l'avant. Le prêcher, c'est dire aux hommes une Bonne Nouvelle, mais au sens fort du mot « nouvelle », toujours nouvelle et jamais acquise. Cette proclamation, l'Église l'appelle « Évangile », terme qui signifie précisément « Bonne Nouvelle » et qui désigne la personne du Christ autant que son message. Jésus est à la fois celui qui annonce l'Évangile et celui que l'Évangile annonce.

En même temps qu'il parle, Jésus donne des signes du Règne de Dieu dont il est le héraut : ses miracles qui sont autant de victoires sur le mal. Jésus ne fait pas disparaître comme par magie tous les malheurs du monde ; il n'a pas guéri tous ses contemporains, et après lui demeureront bien des souffrances. Mais les prodiges accomplis par ses mains sont comme un avant-

Mise au point

MÉMOIRE ÉCRITE OU ORALE ?

Des historiens modernes ont pensé que, du vivant même de Jésus, certains témoins avaient pris des notes écrites pour conserver le plus fidèlement possible le souvenir des principaux discours prononcés par Jésus ou des événements les plus marquants. Or, une telle hypothèse n'a pas de fondement.

Les conditions d'écriture dans l'Antiquité (voir p. 42) ne permettaient pas de prendre des notes comme on le fait aujourd'hui. Il est vrai que les juifs du Ier siècle, même les gens simples, étaient en général plus lettrés que leurs homologues grecs et romains du fait qu'ils pratiquaient la religion du Livre. Mais on n'écrivait alors que très lentement et le support (papyrus ou parchemin) était cher. Il est anachronique d'imaginer les disciples mettant par écrit leurs souvenirs, le soir à l'étape, après une journée bien remplie.

Par ailleurs, l'Orient antique accorde une tout autre valeur que le monde occidental actuel aux traditions orales. A l'époque du Christ, les traductions araméennes de la Bible hébraïque qu'on utilisait dans la liturgie étaient bien fixées tout en restant orales ; elles ne seront mises par écrit que plus tard. Il en est de même des propos des célèbres rabbins du Ier siècle, tels Hillel ou Shammaï, dont l'enseignement se transmettra oralement jusqu'à sa consignation écrite dans la Mishna, deux siècles plus tard.

Dans le monde juif des débuts de l'ère chrétienne, tout comme dans les civilisations orales d'aujourd'hui où la parole donnée a plus de force qu'un bout de papier, fidélité de la transmission n'implique pas écriture. Selon toute vraisemblance, aucune source écrite de nos évangiles ne vit le jour du vivant même de Jésus. Les documents évangéliques n'en ont pas pour autant moins de valeur.

goût du bonheur qu'il proclame ; sans être l'essentiel de sa mission, ils soutiennent sa prédication et la rendent crédible.

Un autre signe qu'il donne, moins extraordinaire pour nous mais tout aussi central, c'est l'accueil sans réserve qu'il accorde à tous ceux qui viennent à lui, quels qu'ils soient. Jésus a scandalisé bien de ses contemporains en se laissant approcher par des publicains, les collecteurs très décriés de l'impôt romain, des pécheurs publics, des étrangers considérés par les autorités juives comme impurs ; ce qui ne l'empêchait pas d'être accompagné dans ses déplacements par des gens très recommandables, dames de la bonne société et autres personnes à la situation bien assise qui, comme lui, ne jugeaient pas sur les apparences et, pensant que l'espérance est pour tous, ne sélectionnaient pas leurs fréquentations. Le milieu de Jésus devait être un ensemble hétéroclite peu banal, attentif à ses gestes et à ses paroles dans lesquels il trouvait des raisons d'espérer.

Tel est en quelques lignes le climat dans lequel se déroula la période de l'existence de Jésus qu'on appelle souvent sa vie publique. On pourrait en dire plus, mais il faudrait alors réécrire tout l'Évangile. Pourtant, il y a bien des choses qu'il est pratiquement impossible de savoir : l'itinéraire précis suivi par le groupe dans ses déplacements ou la durée exacte de cette mission.

Les disciples de Jésus ont centré leur attention sur la personne de leur maître, son enseignement, ses gestes les plus parlants ; ils en ont conservé le souvenir. Les récits évangéliques ont d'abord germé dans la mémoire des témoins. En revanche, l'entourage de Jésus n'a pas été intéressé par l'histoire au sens moderne du terme. On ignore tout du portrait physique du Christ ; ses gestes et paroles sont présentés dans les évangiles par regroupements thématiques et non pas dans l'ordre chronologique dans lequel ils se sont succédé.

Chaque auteur évangélique construit d'ailleurs sa présentation, peu conciliable avec celle des autres.

Dans de telles conditions, on est obligé de reconnaître qu'une vie de Jésus prétendant à l'exactitude historique est impossible à écrire. Certains pourront le regretter. Mieux vaut sans doute essayer de comprendre les raisons des disciples qui n'ont pas jugé bon de nous narrer les choses avec un plus grand luxe de détails ou de circonstances : c'est tout l'esprit dans lequel ont été composés les évangiles qui est en cause.

Mise au point

PAROLES DE JÉSUS NON RETRANSMISES PAR LES ÉVANGILES

Certaines paroles prononcées par Jésus ont marqué la mémoire des disciples sans pour autant avoir été rapportées dans les évangiles écrits. Pour cette raison, on les appelle agrapha, *mot grec qui signifie « non écrits ». En fouillant dans la littérature antique, les historiens en ont répertorié une vingtaine environ. La plus célèbre se trouve dans les Actes des Apôtres : « Il y a plus de bonheur à donner qu'à recevoir » (Ac 20,35).*

LES DERNIERS JOURS

Paradoxalement, ce qui vient d'être dit pour les mois et les années de la vie publique de Jésus ne vaut pas pour les derniers jours qu'il passa sur cette terre, une petite semaine, du dimanche des Rameaux au Vendredi Saint. Autant les évangiles sont difficiles à mettre en parallèle pour les événements qui précèdent, autant Matthieu, Marc, Luc et Jean se retrouvent à peu de différences près sur le déroulement de cette courte période. Rappelons-en les étapes essentielles :

- Entrée à Jérusalem, le dimanche des Rameaux ;
- Complot contre Jésus ;
- Repas du Jeudi Saint ;
- Agonie à Gethsémani ;
- Arrestation ;
- Comparution devant les autorités juives et reniement de Pierre ;
- Comparution devant Pilate et verdict de la foule en faveur de Barabbas ;
- Chemin de croix ;
- Crucifiement et mort ;
- Mise au tombeau.

Nulle part ailleurs les évangiles ne se suivent l'un l'autre sur une telle longueur. Malgré les incertitudes de calendrier on peut, à certains moments, suivre les événements presque heure par heure. Qu'en conclure ?

Il est net que cette partie des évangiles qu'on appelle le récit de la Passion n'a pas tout à fait la même histoire que le reste des textes. La mémoire des témoins s'est le plus souvent rappelé les gestes et paroles de Jésus sans souci d'enchaînement chronologique, mais sa passion constitue une sorte d'événement unique, un drame construit dont le souvenir s'est emparé comme tel. Les disciples ont dû très tôt se dire les uns aux autres ce que chacun avait vu, et le regroupement de leurs témoignages a permis que se constitue un récit suivi qu'on se redisait en de multiples occasions.

Ils étaient tous tellement impliqués dans cette affaire qu'ils étaient nécessairement amenés à prendre la parole, ne serait-ce que pour exorciser la lâcheté dont ils avaient fait preuve au dernier moment.

Ainsi, pour les quatre évangiles tels qu'ils nous sont parvenus, voit-on déjà se dessiner une histoire littéraire complexe, différente selon les périodes de la vie de Jésus auxquelles ils se réfèrent.

Les événements liés à la mort de Jésus furent de bonne heure racontés en forme de relation suivie, selon un plan bien déterminé. Les chapitres sur la Passion tels qu'ils figurent dans les quatre évangiles dépendent pour l'essentiel de ces récits primitifs. Au cours de leur transmission, ces récits subirent évidemment des remaniements non négligeables, mais la structure d'ensemble en resta globalement inchangée.

La période correspondant à la vie publique de Jésus, depuis son séjour auprès de Jean Baptiste jusqu'à sa dernière entrée à Jérusalem, ne fut pas l'objet d'une mise en mémoire aussi précise ; elle dura d'ailleurs beaucoup trop longtemps pour être rapportée au jour le jour. Ce qui fut retenu de Jésus, ce sont des attitudes ou des paroles significatives, quelques-unes liées à des événements déterminés, d'autres, au contraire, retenues isolément de leur contexte historique. En toute hypothèse, leur enchaînement chronologique est pratiquement impossible à reconstituer.

Deux évangiles sur quatre, celui de Matthieu et celui de Luc, comportent, en outre, chacun deux chapitres rapportant des événements antérieurs à la prédication de Jean Baptiste : les évangiles de l'enfance (voir p. 62). La période de la vie de Jésus dont ils traitent est, comme on l'a vu, antérieure au fait évangélique proprement dit ; elle fait partie des préparations, de la préhistoire des évangiles plutôt que de leur histoire.

Enfin, il est une quatrième section des textes évangéliques qui n'appartient pas à la vie terrestre de Jésus mais qui, plus que toute autre peut-être, fait partie de l'Évangile comme Bonne Nouvelle : les récits de la Résurrection. De leur origine à leur rédaction définitive, ils sont tout entiers l'œuvre de la communauté qui vit de la foi au Ressuscité, l'Église. C'est l'étape suivante de l'histoire.

Mise au point
LES GRANDES DATES DE LA VIE DE JÉSUS

Les évangiles ne permettent pas d'établir une chronologie précise de la vie de Jésus. Les indications qu'ils donnent peuvent pourtant être utilisées pour en connaître les principales dates avec plus ou moins de certitude.

Mort

Jésus mourut sous Ponce Pilate, qui fut procurateur de Judée de 26 à 36 de notre ère. Le nom du procurateur, connu des historiens, est donné dans les quatre évangiles ; il a même été introduit dans le Credo.

Marc et Jean indiquent en outre que Jésus fut exécuté un vendredi, une veille de sabbat : « C'était le jour de la Préparation », écrivent-ils l'un et l'autre (Mc 15,42 ; Jn 19,31).

La Pâque juive tombe un jour fixe du calendrier officiel, le 15 du mois de nisan, et, comme notre fête de Noël, un jour variable de la semaine. Le repas pascal se prend le 14 au soir. Avec des calculs assez simples, on peut alors savoir quelles années, comprises entre 26 et 36, la Pâque est tombée un jour de la semaine donné, et déduire de là la date précise de la mort de Jésus.

Une incertitude vient du fait que le témoignage de Jean et celui des autres évangélistes ne concordent pas. Selon Matthieu, Marc et Luc, Jésus aurait célébré un repas pascal le jeudi soir avant de mourir ; le Jeudi Saint serait donc le 14 nisan, veille de la Pâque, et la Pâque le vendredi 15. Jean donne une indication différente. Il précise que, le vendredi matin, lorsqu'on conduisit Jésus chez Pilate, « c'était le point du jour. Ceux qui l'avaient amené n'entrèrent pas dans la résidence pour ne pas se souiller et pouvoir manger la Pâque » (Jn 18,28). Le repas pascal n'avait pas encore été pris ; il ne le serait que le vendredi soir 14 nisan, la fête elle-même tombant le samedi 15. Les deux données sont inconciliables.

Historiquement, le témoignage de Jean est sans doute meilleur, car il est invraisemblable que Jésus ait été crucifié le jour même de la fête. Un texte juif du Talmud donne d'ailleurs une indication qui concorde avec les siennes : « La veille de la Pâque, on a pendu Jésus » (Talmud de Babylone, traité Sanhédrin *43 a). Jésus est donc très probablement mort un vendredi 14 nisan ce qui, pour les années où Pilate était procurateur de Judée, peut correspondre au 7 avril 30 ou au 3 avril 33. L'année 27 serait également possible, mais cette hypothèse ne laisse pas assez de temps pour la prédication de Jésus. En conséquence, le repas du Jeudi Saint fut pris vingt-quatre heures trop tôt pour être un repas pascal (le jeudi 13 au soir), même s'il baignait déjà dans l'atmosphère de la fête toute proche. Matthieu, Marc et Luc, en le présentant comme un repas pascal, font passer sa portée symbolique avant le souci d'exactitude historique.*

Naissance

L'an 1 de l'ère chrétienne correspond à l'année 754 de la fondation de Rome. Cette nouvelle façon de compter les années à partir de la naissance du Christ fut fixée au VIe *siècle en se fondant sur les calculs d'un moine appelé Denis le Petit.*

On sait pourtant par le témoignage de Matthieu et de Luc que Jésus naquit sous Hérode le Grand, lui-même étant mort en l'an 750 de la fondation de Rome. Ici encore, les deux données sont inconciliables.

En fait, Denis le Petit s'est trompé dans ses calculs. Par commodité, on continue de compter les années en suivant ses indications, mais il en résulte que, d'après le calendrier actuel, Jésus est né « avant Jésus-Christ » ! Au moins quatre années avant, puisque l'événement eut lieu du vivant d'Hérode, peut-être même cinq ou six. La date précise de la naissance de Jésus n'est pas connue, ce qui est d'ailleurs le cas pour la plupart des grands hommes de l'Antiquité.

Né quelques années « avant Jésus-Christ » et mort sans doute le 7 avril 30, Jésus passa environ trente-cinq ans sur cette terre. Le chiffre de trente-trois ans, souvent donné en raison de sa valeur doublement trinitaire, est avant tout symbolique.

Prédication

Selon saint Luc, Jean Baptiste commença sa prédication « l'an 15 du gouvernement de Tibère », c'est-à-dire entre le 1er octobre 27 et le 30 novembre 28 (Lc 3,1). Toujours selon le témoignage de Luc, « Jésus, en commençant, était âgé d'environ trente ans » (Lc 3,23). Les évangiles de Matthieu, Marc et Luc ne donnent aucune indication de durée concernant la mission de Jésus, mais Jean mentionne trois Pâques : dans les débuts de la prédica-

tion (Jn 2,13), à la Multiplication des pains (Jn 6,4), au dernier repas (Jn 13,1).

En regroupant tous ces renseignements, les Pâques mentionnées par Jean doivent être celles des années 28, 29 et 30, la dernière tombant le lendemain de la mort de Jésus, le 15 nisan, ou 8 avril 30. La vie publique de Jésus dut commencer dans l'hiver 27-28, Jésus ayant un peu dépassé la trentaine ; elle se termina par sa mort le 7 avril 30, après avoir duré entre deux et trois ans.

Aucun de ces résultats n'est à proprement parler certain, mais les données évangéliques rapprochées de celles des historiens concernant Pilate et Tibère permettent d'aboutir à un bon degré de vraisemblance.

2

L'élaboration des récits

En l'an 30 de notre ère, quelques semaines après la Pâque juive, un petit groupe d'hommes et de femmes était convaincu que Jésus de Nazareth, crucifié par les Romains à la demande du sanhédrin de Jérusalem, était ressuscité. S'ils n'étaient encore qu'une poignée, ils étaient pourtant déjà l'Église.

Leur nombre s'accrût rapidement. Un livre du Nouveau Testament, rédigé une cinquantaine d'années après les événements, les Actes des Apôtres, écrit qu'au début de l'été ils dépassaient les trois mille (Ac 2,41). Leur vie telle que la décrit l'auteur est extraordinairement chaleureuse et fraternelle ; ce tableau auréolé du prestige de toutes les genèses a servi de modèle à de nombreux groupes nourris d'idéal communautaire :

> Ils se montraient assidus à l'enseignement des Apôtres, fidèles à la communion fraternelle, à la fraction du pain et aux prières. La crainte s'emparait de tous les esprits : nombreux étaient les prodiges et signes accomplis par les Apôtres. Tous les croyants ensemble mettaient tout en commun ; ils vendaient leurs propriétés et leurs biens et en partageaient le prix entre tous selon les besoins de chacun. Jour après jour, d'un seul

> cœur, ils fréquentaient assidûment le Temple et rompaient le pain dans leurs maisons, prenant leur nourriture avec joie et simplicité de cœur. Ils louaient Dieu et avaient la faveur de tout le peuple. Et chaque jour, le Seigneur adjoignait à la communauté ceux qui seraient sauvés (Ac 2,42-47).

A cette époque, aucun croyant n'avait l'idée d'écrire un évangile. Jésus était vénéré comme le Ressuscité, présent au groupe tout en n'étant pas visible. Sa vie, tout le monde la connaissait, et on avait avec soi ceux qui l'avaient accompagné dans ses déplacements, capables de préciser tel ou tel détail en cas de litige ou d'oubli.

Pourquoi, d'ailleurs, mettre les choses par écrit ? Les croyants de la première génération chrétienne étaient convaincus qu'ils vivaient les derniers moments de cette terre. Le jugement du monde était proche ; la mise à mort du Messie avait sonné le glas de l'histoire. Nul ne songeait à faire œuvre durable.

Une vingtaine d'années après la mort et la résurrection de Jésus, alors que déjà les frontières de l'Église ont franchi les mers, un homme comme saint Paul est encore convaincu que lui-même et ses contemporains seront témoins de la fin des temps avant leur mort personnelle. Utilisant l'imagerie familière à son époque pour évoquer le bouleversement ultime, Paul écrit aux chrétiens de Thessalonique :

> Voici ce que nous avons à vous dire, sur la parole du Seigneur. Nous, les vivants, nous qui serons encore là pour l'Avènement du Seigneur, nous ne devancerons pas ceux qui seront endormis. Car lui-même, le Seigneur, au signal donné par la voix de l'archange et la trompette de Dieu, descendra du ciel, et les morts qui sont

> dans le Christ ressusciteront en premier lieu ; après quoi nous, les vivants, nous qui serons encore là, nous serons réunis à eux et emportés sur des nuées pour rencontrer le Seigneur dans les airs. Ainsi nous serons avec le Seigneur toujours. Réconfortez-vous donc les uns les autres de ces pensées (1 Th 4,15-18).

RACONTER, UN BESOIN VITAL

Savoir qu'on en a pour peu de temps n'empêche pourtant pas de vivre, surtout quand on se sait dépositaire d'un message aussi important que celui de la Résurrection. Il faut que le plus grand nombre de gens puisse en profiter ; aussi, dès ses débuts, l'Église s'est-elle mise à prêcher pour convaincre et s'adjoindre de nouveaux membres. Il faut instruire les convertis de fraîche date pour que les traditions du groupe deviennent progressivement les leurs ; un corps enseignant se met en place. La communauté a également ses moments de prière et de culte. Elle organise sa vie interne et, pour ce faire, elle évoque les consignes d'amour fraternel que Jésus avait données à ses auditeurs, tout particulièrement le groupe des disciples avec lesquels il avait le plus partagé.

Pour que tout cela se passe dans la fidélité à celui que la communauté vénère comme son Seigneur, il faut bien rappeler ce qui s'était vécu avant qu'il ne soit mis à mort. Les récits qui s'élaborent peu à peu ne relèvent en rien d'une curiosité anecdotique ou d'une nostalgie stérilisante. Ils sont une nécessité du présent pour que l'arbre en croissance ne se coupe pas de ses racines, quelles que soient les directions dans lesquelles il déploie ses branches.

La prédication missionnaire

Sept semaines à peine après la mort de Jésus, l'apôtre Pierre s'adressait aux habitants de Jérusalem pour leur annoncer que Jésus était le Messie attendu par les juifs, qu'il était ressuscité, et que leur culpabilité était grande de l'avoir laissé mettre à mort. Le Dieu de pardon était pourtant prêt à ne pas leur en tenir rigueur et à leur ouvrir les voies du salut moyennant un repentir sincère. Selon les Actes des Apôtres, c'est ce jour-là, jour de la fête juive de la Pentecôte, que s'inaugura la prédication publique de l'Église (Ac 2,1-41).

Par la suite, chaque croyant eut à cœur de témoigner de sa foi dans l'espoir de faire de nouveaux adeptes. Paul, par exemple, profitait le plus souvent du sabbat, dans les villes où il passait, pour se rendre à la synagogue et annoncer la résurrection de Jésus dans le cadre de l'homélie qu'on l'invitait à prononcer après les lectures de l'Écriture. Une autre fois, à Athènes, il se mêla aux curieux qui traînaient sur le Forum et se mit en devoir de convaincre les passants, sans grand succès, d'ailleurs (Ac 17,22-34).

Une telle prédication à des juifs ou à des païens n'amenait pourtant guère à parler de la vie même de Jésus de Nazareth, dont les auditeurs ignoraient souvent jusqu'au nom. Elle se résumait essentiellement en ceci : le Dieu d'Israël a ressuscité un homme mis à mort sous la pression des autorités juives ; il partage maintenant la gloire de Dieu, et cet événement est central pour le salut du monde : « Si tes lèvres confessent que Jésus est Seigneur et si ton cœur croit que Dieu l'a ressuscité des morts, tu seras sauvé » (Rm 10,9).

La prédication missionnaire de l'Église n'est pas d'abord le cadre dans lequel les récits évangéliques ont pris corps, mais elle est le moteur de toutes les autres activités. Elle permit que Jésus soit considéré comme un vivant par un groupe de plus en plus important en nombre. Et, tout naturellement, les nouveaux convertis voulurent savoir comment avait vécu celui qu'ils considéraient désormais comme leur Seigneur.

La catéchèse

Faire partie de l'Église n'est pas une fin en soi. Si étrange que soit la formule, le but de la vie, c'est vivre. Et quelqu'un qui déclare appartenir au Christ ne vit pas n'importe comment, faute de quoi sa prétendue appartenance n'est qu'un leurre.

Après la conversion qui est, dans les meilleurs cas, le premier résultat de la prédication missionnaire, vient l'étape, souvent beaucoup plus étalée dans le temps, de la formation à la vie chrétienne. C'est cet enseignement, qui n'est pas forcément magistral, qu'on appelle la catéchèse.

A cette occasion, de nombreuses paroles prononcées par Jésus étaient rappelées, lui qui s'était révélé être un maître. Aimer, pardonner, partager avec les plus pauvres, respecter son conjoint : ces orientations et bien d'autres font partie du message légué par Jésus de Nazareth et doivent imprégner la vie de toute personne qui se réclame de lui.

Dans ses lettres aux communautés, rédigées bien avant les évangiles, saint Paul appuie souvent les conseils qu'il donne sur les paroles jadis prononcées par Jésus :

> Quant aux personnes mariées, voici ce que j'ordonne, non pas moi, mais le Seigneur : que

> la femme ne se sépare pas de son mari — en cas de séparation, qu'elle ne se remarie pas ou qu'elle se réconcilie avec son mari —, et que le mari ne répudie pas sa femme (1 Co 7,10-11).

On connaît le passage de l'évangile où est reproduite la même consigne du Seigneur :

> Quiconque répudie sa femme et en épouse une autre commet un adultère à l'égard de la première ; et si une femme répudie son mari et en épouse un autre, elle commet un adultère (Mc 10,11-12).

Jésus, cependant, ne s'était pas contenté de prononcer des oracles ou d'édicter des commandements. On l'avait vu vivre, et son comportement faisait corps avec ses paroles ; les gestes sont en général le plus éloquent des discours. Il avait valorisé les gens méprisés, soulagé les misères, accueilli les exclus. Il avait refusé les compromissions au point de s'attirer les pires ennuis. Des faits précis en avaient été l'illustration. Il fallait bien les raconter tant ils pouvaient donner envie de vivre à son exemple et de faire partie des siens.

Le récit de la rencontre avec Zachée le publicain dit beaucoup plus que les discours sur le pardon (Lc 19,1-10) ; et les libertés que Jésus prit lui-même par rapport au sabbat et à la plupart des rites juifs sont la meilleure illustration de la volonté de Dieu depuis longtemps énoncée par les prophètes : « C'est la miséricorde que je désire, et non le sacrifice » (Os 6,6 cité par Mt 12,7).

Pour les chrétiens d'aujourd'hui, qui ont à leur disposition quatre évangiles rédigés, on n'imagine pas de catéchèse possible sans référence constante à ces écrits. Dans les premières années de l'Église, le besoin de se référer à Jésus était le même ; il est pour une part à l'origine des récits qui se sont progressivement constitués, mêlant les gestes et les paroles du Maître.

La prière et le culte

On ne dira jamais assez que les premiers chrétiens étaient juifs. Le début de la prédication de l'Église à des païens date d'un peu avant l'année 45, presque quinze ans après la mort et la résurrection de Jésus. Pendant tout ce temps-là, les disciples de Jésus constituèrent d'abord un groupe juif parmi d'autres, certes en conflit ouvert avec les autorités responsables du meurtre de leur fondateur, principalement les prêtres sadducéens. Mais ils n'étaient pas les seuls dans ce cas : bien d'autres juifs exigeants vivaient fort mal l'hégémonie pleine de suffisance des milieux sacerdotaux.

Les Actes des Apôtres rapportent que, pendant plusieurs années, les chrétiens de Jérusalem participèrent aux prières du Temple : « Pierre et Jean montaient au Temple pour la prière de la neuvième heure », écrit Luc, l'auteur du livre, en introduction au récit d'une guérison opérée par les Apôtres dans les premiers temps de l'Église (Ac 3,1). Et le récit des Actes comporte une autre scène qui eut lieu bien des années après, où Paul se joignit à des chrétiens juifs de Jérusalem pour participer dans le Temple à des rites de purification prévus par la loi de Moïse (Ac 21,26). Le fait d'être disciple de Jésus n'allait aucunement contre l'identité juive, en particulier pour la fréquentation du Temple. Reste que, pour l'Église primitive comme pour Jésus, la question historique d'une participation active aux sacrifices est posée ; les différents écrits du Nouveau Testament gardent sur ce point précis un unanime et curieux silence.

Être chrétien n'empêche pas d'être juif et pourtant cela constitue un « plus », comme le montrent, dès les origines de l'Église, les réunions que les chrétiens organisaient entre eux, « dans leurs maisons », c'est-à-dire chez ceux qui étaient assez grandement logés pour accueillir, des soirées entières, quelques dizaines de frères dans la foi (Ac 2,46). Les historiens hésitent sur la fréquence de ces réunions ; peut-être y avait-il quotidiennement un repas commun pour ceux qui se trouvaient libres ; il semble bien que tous aient eu à cœur de se retrouver chaque semaine, dans la nuit du samedi au dimanche, après la clôture du sabbat. Reprenant la coutume juive, chaque famille apportait des provisions pour constituer un panier des pauvres au service des plus démunis. On commençait la soirée par un repas fraternel ; après quoi se célébrait une liturgie que Paul appelle « repas du Seigneur » et Luc « fraction du pain », dont le début reprenait dans ses grandes lignes le plan des offices sabbatiques des synagogues : chants et prières, lecture d'Écriture, homélie. Le tout s'achevait par une bénédiction eucharistique du pain et de la coupe, à l'image du dernier repas pris par Jésus avec ses disciples.

Dans une de ses lettres, Paul rappelle aux chrétiens de Corinthe ce que Jésus avait accompli au soir du Jeudi Saint, dont ils doivent s'inspirer pour que les eucharisties soient célébrées chez eux avec une dignité suffisante :

> Pour moi, en effet, j'ai reçu du Seigneur ce qu'à mon tour je vous ai transmis : le Seigneur Jésus, la nuit où il était livré, prit du pain et,

> après avoir rendu grâces, le rompit et dit : « Ceci est mon corps, qui est pour vous ; faites ceci en mémoire de moi. » De même, après le repas, il prit la coupe en disant : « Cette coupe est la Nouvelle Alliance en mon sang ; toutes les fois que vous en boirez, faites-le en mémoire de moi » (1 Co 11,23-25).

Ce récit de la Cène, extrait de la première épître aux Corinthiens, sera intégré aux évangiles de Matthieu, Marc et Luc, rédigés plusieurs années après. Il montre comment la prière et le culte chrétiens furent l'un des cadres où s'élaborèrent les récits évangéliques. Mais il n'est qu'un exemple. A l'occasion d'autres rites comme les célébrations de baptêmes, d'autres gestes de Jésus étaient rappelés et racontés. Chaque réunion comportait en outre une homélie sur la Bible juive que nous appelons Ancien Testament (le Nouveau n'existait pas encore), dans laquelle on disait comment les gestes et paroles de Jésus accomplissaient les Écritures ; c'était encore l'occasion de raconter tel miracle ou de rappeler tel discours. Plusieurs guérisons accomplies par Jésus sont rapportées dans les évangiles selon un schéma type où le demandeur accomplit des gestes quasi liturgiques, présentation qui trahit le cadre cultuel dans lequel sont nés ces récits.

La vie interne de la communauté

Chaque groupe humain a ses difficultés : problèmes d'organisation, de bonne entente, d'autorité. Les communautés chrétiennes n'en sont pas exemptes.

Tout naturellement, l'Église s'est référée aux

consignes données par Jésus à ses apôtres pour résoudre ses difficultés internes ; ce fut l'occasion de raconter les tensions ou rivalités qui s'étaient naguère révélées au sein du groupe des Douze, et de rappeler les réactions du Maître.

On peut lire dans l'évangile selon saint Matthieu, à propos d'un frère qui se conduit mal : « S'il refuse d'écouter même la communauté, qu'il soit pour toi comme le païen et le publicain » (Mt 18,17). Ce rappel d'une parole de Jésus mérite d'être rapproché d'un avertissement que Paul adresse aux trop tolérants Corinthiens : « Enlevez le pervers du milieu de vous » (1 Co 5,13). Les jeunes communautés, encore neuves et fragiles, ne pouvaient se permettre d'avoir parmi leurs membres des gens dont les mœurs relâchées risquaient de faire basculer tout le monde dans la facilité : Paul et Matthieu le disent en des termes différents, à trente ans d'intervalle.

Prédication missionnaire, catéchèse, prière et culte, vie interne de la communauté, les différents secteurs d'activité de l'Église révèlent chez les chrétiens de la première génération un besoin commun de se référer à Jésus : les quelque trois années qu'il a passées comme prédicateur itinérant sont la source inépuisable à laquelle on s'abreuve, non seulement pour résoudre ses difficultés, mais pour vivre, tout simplement. Il y va de la vie ou de la mort de l'Église.

Les récits naissent alors, maintes fois entendus, prenant forme à force d'être répétés, celui qui les prononce ayant le souci de « transmettre ce qu'il avait lui-même reçu », comme l'écrit saint Paul (1 Co 15,3). Avant d'exister comme œuvres littéraires, les évangiles ont été une mosaïque de petites unités orales sans autre lien les unes avec les autres que la nécessité commune à laquelle elles répondaient : que l'Église vive dans la fidélité à son Seigneur.

LES GARANTIES DE LA FIDÉLITÉ

L'intervalle de temps qui s'écoula entre les événements vécus par Jésus et l'élaboration des premiers récits, le fait que la transmission ait été, au départ, essentiellement orale, le fait également que les communautés aient raconté les choses pour répondre à leurs besoins, ces trois données risquent d'engendrer le soupçon chez un esprit moderne. Si les textes que nous possédons sont le résultat d'un processus aussi complexe, sont-ils crédibles ? Que vaut leur témoignage ? Chacun sait que l'information se dévalue à mesure que le temps s'écoule ; les conteurs se laissent prendre au jeu de leur talent ; et si, pour couronner le tout, l'Église répond avant tout à ses problèmes, n'a-t-elle pas été amenée à inventer de toutes pièces des paroles ou des événements qui n'ont rien à voir avec ce qu'était Jésus ? En d'autres termes, quelles garanties avons-nous que les évangiles disent vrai ?

Nous avons déjà constaté qu'aucun témoin des événements n'avait écrit de reportage, et qu'il était quasi impossible de retracer la vie de Jésus dans son déroulement chronologique. Mais la question posée prend ici une autre dimension : indépendamment de leur agencement les unes par rapport aux autres, les petites unités centrées sur telle parole de Jésus ou sur tel événement qu'elles rapportent ne sont-elles pas des inventions pures et simples, au moins certaines d'entre elles ?

Il est vrai que, dans l'élaboration des récits, les chrétiens n'ont pas manqué d'initiative. Un

Mise au point
L'ÉCRITURE DANS L'ANTIQUITÉ

Au Ier siècle de notre ère, beaucoup de gens lettrés sont capables de tracer quelques lignes, mais écrire est un métier : le scribe qui l'exerce a reçu une longue formation et fait, en général, payer ses services. Il possède un matériel spécial : une planchette où sont fixés des godets à encre, un stylet à pointe sèche pour marquer les alignements, un grattoir pour effacer. Il fabrique lui-même ses encres, noire ou rouge, à partir de noir de fumée ou de terre ocre soigneusement broyée. Avec des roseaux ou des joncs, il se confectionne des calames qu'il taille ou mâchonne pour obtenir une bonne grosseur de trait.

Les fouilles archéologiques menées en Grèce, en Égypte ou au Proche-Orient ontpermis de découvrir des tessons de poterie (en grec : ostraca *; singulier :* ostracon*) sur lesquels étaient griffonnés quelques mots ou, au mieux, quelques phrases. Mais dès qu'on veut écrire un texte d'une certaine importance, il faut utiliser un support plus coûteux : papyrus ou parchemin.*

Le papyrus est une plante originaire d'Égypte et du Soudan dont la tige se déroule en bandes de quelques centimètres de large. En les disposant les unes à côté des autres sur deux épaisseurs (une couche en bandes longitudinales, une autre en bandes transversales), on obtient des feuilles de 20 à 40 centimètres de côté qui peuvent être écrites sur les deux faces.

Le parchemin est une peau de jeune animal (mouton, chèvre ou antilope) tannée et blanchie. Son nom grec, pergamenon, *vient de Pergame, ville d'Asie Mineure, qui s'est fait de sa fabrication une spécialité. Plus solide que le papyrus, il coûte aussi plus cher. Il est fréquent qu'on l'utilise une seconde fois après avoir gratté aussi bien que* événement donné peut avoir, par exemple, fait l'objet de deux récits assez différents, parce que nés dans deux communautés n'ayant pas tout à fait les mêmes problèmes ou les mêmes besoins. On trouve dans les évangiles deux récits de pêche miraculeuse, l'un dans saint Luc, lorsque Jésus appelle à lui ses quatre premiers disciples (Lc 5,1-11), l'autre dans saint Jean, après la Résurrection (Jn 21,1-14). Il est vraisemblable qu'un seul événement soit à l'origine des deux. De la même façon, la multiplication des pains, qui fut sans doute un événement unique, fut dédoublée par saint Matthieu et par saint Marc, ces deux évangélistes exprimant par là que les bienfaits de Dieu sont destinés aux juifs (Mt 14, 15-21 et Mc 6,35-44) aussi bien qu'aux païens (Mt 15,32-39 et Mc 8,1-10). Une des paraboles les plus connues des évangiles, celle de la brebis perdue, a elle aussi été utilisée dans deux contextes différents : le désir infini qu'a Dieu d'accorder son pardon au pécheur justifie, chez saint Luc, l'attention privilégiée de Jésus aux publicains et à tous les pécheurs publics (Lc 15,1-7) ; chez saint Matthieu, il appuie une consigne donnée aux responsables des communautés de tout mettre en œuvre pour faire rentrer au bercail le croyant qui fait fausse route (Mt 18,12-14).

On pourrait multiplier les exemples qui mettent en lumière la créativité des groupes chrétiens et la liberté dont ils ont usé pour rapporter les paroles prononcées par Jésus ou pour faire le récit de ses actions. Créativité n'est pourtant pas invention pure et simple, et liberté ne veut pas dire anarchie, malgré certaines opinions radicalement critiques dont on attribue la paternité à Rudolf Bultmann, célèbre professeur de Marbourg en Allemagne (1884-1976). Bultmann a majoré les *possible un premier texte ; c'est ce qu'on appelle un palimpseste.*

Les renseignements donnés par les écrivains grecs de l'Antiquité ont permis de calculer qu'un tel matériel permettait d'écrire environ trois syllabes à la minute, soit soixante-douze mots à l'heure. A cette cadence, qui n'est qu'un ordre de grandeur, il faut une centaine d'heures pour rédiger l'épître aux Romains ou l'évangile de Marc, qui sont de longueur comparable.

En dehors des exercices faits par les apprentis, les scribes écrivaient directement au propre, sans brouillon.

capacités d'invention des communautés chrétiennes de la première génération au point que son nom est devenu symbolique : dire d'un bibliste qu'il est « bultmannien » signifie qu'il n'accorde pratiquement aucune valeur historique aux évangiles. Depuis les grands travaux de Bultmann, publiés dans les années 1920-1950, les jugements se sont nuancés. Les recherches faites sur le judaïsme du Ier siècle de notre ère ont permis de mieux percevoir la vie des communautés chrétiennes primitives, qui étaient tout autre chose que des groupuscules inorganisés.

Dans la première épître aux Corinthiens, s'adressant à une Église aussi turbulente qu'enthousiaste, Paul rappelle que l'Église est un corps, c'est-à-dire un ensemble structuré. Il souligne également le rôle des responsables chargés d'aider le groupe à vivre dans un certain cadre : leurs « charismes » (mot venant du grec et désignant les dons reçus de Dieu) ne sont pas simplement des talents à exercer au gré de l'individu ou de son entourage ; ils sont en même temps des fonctions, des « ministères » (terme également technique du vocabulaire chrétien) ; et ils sont constitués en hiérarchie qui garantit le lien le meilleur à la tradition remontant à Jésus :

> Vous êtes le corps du Christ, et membres chacun pour sa part. Il en est que Dieu a établis dans l'Église, premièrement comme apôtres, deuxièmement comme prophètes, troisièmement comme docteurs... Puis ce sont les miracles, puis le don de guérir, d'assister, de gouverner, les diversités de langues (1 Co 12,27-28).

Trois fonctions classées par ordre d'importance sont placées par Paul nettement au-dessus des autres : au plus bas les docteurs, chargés de l'enseignement ordinaire et de la catéchèse, cadre dans lequel ont vu le jour de nombreux récits évangéliques ; ils sont soumis aux prophètes qui étaient, selon toute vraisemblance, les présidents habituels de la prière liturgique ; et toutes ces responsabilités sont contrôlées par les apôtres, parmi lesquels Paul se range. Habituellement on réserve ce nom aux Douze que Jésus lui-même avait désignés comme ses plus proches collaborateurs ; Paul utilise le terme au sens un peu plus large de ceux qui passent d'une communauté à l'autre pour assurer l'unité de l'Église, en lien étroit avec les Douze.

Toute parole prononcée sur Jésus est ainsi rattachée à la « tradition apostolique », l'une des notions les plus importantes du christianisme naissant. Elle en garantit la fidélité et la pertinence, jusque dans les variantes d'utilisation. Le fait que, dans les premières années au moins, la transmission ait été principalement orale n'en altère en rien la qualité. Dans le monde antique, comme encore dans un bon nombre de civilisations actuelles, la parole est prise au sérieux, qu'il s'agisse de parole donnée ou de parole transmise.

LES PREMIERS RECUEILS

Il y eut bien un moment dans l'histoire des évangiles où se fit le passage de l'oral à l'écrit, mais les circonstances de composition et le contenu des premiers recueils se perdent dans le dédale des hypothèses. Certains biblistes font remonter très haut dans le temps les premiers textes rédigés ; d'autres, au contraire, considèrent que tout le matériau évangélique se transmit par oral, pratiquement jusqu'à la rédaction du premier évangile, celui de saint Marc, dans les années 65-70 de notre ère. La vérité est sans doute à situer quelque part entre ces deux extrêmes.

Ce qui est quasiment sûr, c'est que les premiers écrits chrétiens officiels ne furent pas des évangiles, même fragmentaires, mais des épîtres. La plus ancienne lettre de Paul, sa première épître aux Thessaloniciens, date de l'année 50 ; les deux épîtres aux Corinthiens, l'épître aux Galates, l'épître aux Romains ont été conçues entre 55 et 58. Aucune d'entre elles ne fait la moindre allusion à un quelconque écrit sur Jésus qui aurait fait autorité dans les communautés chrétiennes. Si donc des collections de récits ou des recueils de paroles évangéliques existaient dans ces années-là sous forme écrite, ils n'avaient aucun caractère officiel et étaient tout au plus des aide-mémoire.

Pour y voir un peu clair dans la forêt d'hypothèses élaborées à propos des premiers fragments d'évangiles, il est commode de prendre le problème par les deux bouts.

On peut partir de la vie des communautés telle qu'on la suppose dans les années 50-60 et se dire que, pour faire face à l'augmentation du nombre des fidèles et à la naissance de nouveaux foyers de christianisme, l'Église eut besoin de textes qui favorisaient l'unité de pratique entre des lieux souvent assez éloignés les uns des autres ; par exemple des recueils de miracles ou de paroles de Jésus sur un sujet donné, dans lesquels on pouvait puiser pour la catéchèse ; ou encore des regroupements de controverses sur le sabbat ou d'autres points de la loi de Moïse qui servaient dans la polémique avec les juifs restés hostiles au courant chrétien.

Dans ce passage à l'écrit, la liturgie joua sans doute un rôle non négligeable : à côté des Écritures juives utilisées pour les célébrations, des textes liturgiques chrétiens eurent assez tôt leur place : chants, hymnes, mais aussi récits évangéliques liés aux grandes fêtes de l'année chrétienne dont le calendrier se constituait progressivement. La Pâque occupait la toute première place, ce qui explique que les récits de la Passion et de la Résurrection soient à compter parmi les plus anciens fragments d'évangiles rédigés. Ainsi fixés, ils pouvaient aussi mieux être communiqués d'une Église à l'autre.

L'autre façon de prendre le problème est de réfléchir à partir des quatre évangiles achevés tels que nous les trouvons dans nos bibles. Leurs divergences existent, comme on l'a déjà signalé. Mais leurs ressemblances sont parfois telles qu'on est amené, pour en rendre compte, à faire l'hypothèse de sources écrites dans lesquelles les rédacteurs auraient puisé.

Aucune de ces sources ne nous est parvenue, aussi différentes tentatives ont-elles été faites pour en déterminer la nature et le contenu. Ces essais fort variés sont habituellement appelés « hypothèses documentaires », parce que faisant appel à des documents hypothétiques plus ou moins nombreux.

La plus classique, mise au point en 1832 par le bibliste allemand Friedrich Schleiermacher, est connue sous le nom de « théorie des deux sources ». Elle suppose que les évangélistes Matthieu et Luc auraient tous deux utilisé comme source, d'une part l'évangile de Marc, antérieur au leur, d'autre part un document hypothétique, actuellement perdu, regroupant essentiellement des paroles prononcées par Jésus, qui reçut le nom de « source des *logia* (du mot grec *logion* qui signifie « oracle »), ou plus simplement de « source Q » (Q étant la première lettre du terme allemand *Quelle* qui veut dire « source »). Le document Q serait à l'origine de nombreux passages communs aux évangiles de Matthieu et de Luc, et absents de Marc. On aboutit alors au schéma généalogique suivant :

Cette hypothèse, vieille d'un siècle et demi, est encore considérée comme globalement recevable par de nombreux savants allemands. En fait, elle ne rend pas tout à fait compte de la complexité des ressemblances et des différences entre les quatre évangiles canoniques. Aussi a-t-on été amené, particulièrement en milieu francophone, à proposer d'autres schémas, mettant en jeu d'autres documents sources, parfois fort nombreux (jusqu'à six ou sept), mais toujours aussi hypothétiques. Citons quelques noms d'auteurs : L. Vaganay (1954), A. Gaboury (1970), M.-E. Boismard (1972), Ph. Rolland (1984). Tous ces essais sont intéressants car ils partent d'observations, souvent très fines, sur le texte évangélique, mais aucun ne s'impose dans ses résultats. On ne sort pas du registre des hypothèses.

Dans l'état actuel de la recherche, force est alors de reconnaître que la nature et le contenu des recueils évangéliques écrits, antérieurs aux évangiles achevés dont nous possédons le texte, restent mal connus. Il est raisonnable de supposer l'existence de tels recueils comme transition entre la transmission purement orale des débuts de l'Église et les évangiles rédigés dans leur état final, mais il est difficile d'être plus affirmatif. Et c'est en vain qu'on rêverait de découvertes archéologiques permettant de mettre la main sur un de ces documents : ils ont très tôt laissé la place à des écrits plus complets et n'ont aucune chance de s'être conservés.

3

La rédaction des évangiles

Judas était mort de façon tragique, quelques heures après avoir livré son maître. Le décès du traître fait l'objet de deux récits dans le Nouveau Testament, l'un dans l'évangile selon saint Matthieu (Mt 27,3-10), l'autre dans les Actes des Apôtres (Ac 1,15-20). Jacques, frère de Jean, l'un des Douze, trouva la mort en 43 ou 44, au cours d'une persécution menée contre l'Église par le roi Hérode Agrippa Ier (Ac 12,1-2). A mesure que les années passaient, les compagnons de Jésus disparaissaient les uns après les autres. Les témoins directs se faisaient plus rares, et l'on voyait venir le temps où plus un seul ne serait là pour garantir la tradition remontant à Jésus. Ce sentiment joua un rôle non négligeable dans l'idée qui se fit jour de rédiger les évangiles.

L'EXEMPLE DE SAINT MARC

Marc ne fait pas partie du groupe des douze apôtres. Il était encore jeune lorsque Jésus mourut. Sa mère, Marie (c'était un nom fort commun chez les juifs de l'époque), habitait Jérusalem où elle possédait une assez grande maison ; elle fut disciple des premières heures, et ouvrit ses portes aux réunions de la communauté chrétienne à peine née. Les Actes des Apôtres conservent le souvenir des assemblées de prière qui se tenaient chez « Marie, la mère de Jean surnommé Marc » (Ac 12,12). C'est dans ces circonstances que le jeune homme fut en contact avec ceux qui se réclamaient de Jésus ressuscité. Il devint l'un des leurs.

Il devait avoir une vingtaine d'années lorsqu'il quitta Jérusalem pour accompagner Paul et Barnabé à Antioche (Ac 12,25). Il partit avec eux pour le premier voyage d'évangélisation qu'ils entreprirent en Asie Mineure ; c'était dans les années 45. Mais, peut-être parce qu'il trouvait trop dures les conditions du déplacement, il les lâcha dès qu'ils descendirent du bateau sur lequel ils avaient fait la traversée de Chypre en Asie Mineure, et retourna à Jérusalem (Ac 13,13). Paul mettra du temps à lui pardonner cet abandon ; il aura même plus tard une dispute célèbre avec Barnabé à propos de ce garçon sur lequel il estimait qu'on ne pouvait guère compter (Ac 15,37-40).

Marc repartit avec Barnabé pour Chypre aux environs de l'an 50. Là, les textes du Nouveau Testament perdent sa trace pendant plusieurs années. On le retrouve à Rome dans les années 62-63, compagnon de Paul avec lequel il s'est réconcilié (Col 4,10 ; Phm 24) et de Pierre (1 P 5,13).

Le cas de Marc est éclairant. Ce n'est pas un personnage de premier plan dans la vie des Églises primitives. Mais il fut en relation suivie (ce qui ne veut pas dire sans ombres) avec Pierre et Paul, les deux piliers de la prédication chrétienne au Ier siècle. Il était bien placé pour connaître les traditions concernant Jésus, telles qu'on les rapportait à l'occasion des tournées missionnaires, de la catéchèse, du culte ou des autres activités des Églises.

Pierre et Paul moururent martyrs à Rome, sous Néron, en 64 ou 67 ; les historiens hésitent entre les deux dates. Avec eux disparaissent les deux hommes qui, malgré des itinéraires très différents, étaient, chacun à sa manière, les principaux garants des traditions qu'on se transmettait fidèlement depuis l'époque où Jésus avait vécu. Composer un récit écrit des événements dont l'Église tirait son origine vint naturellement à l'esprit. A Rome, ce fut Marc qui s'en chargea.

L'intuition qui présida à une telle entreprise était sensiblement différente de celle grâce à laquelle virent le jour les premiers recueils, ou aide-mémoire. Il ne s'agissait plus maintenant de posséder des sortes de collections de fiches dans lesquelles on pouvait puiser en fonction des besoins ; mais il fallait un récit qui présentât dans son ensemble l'événement fondateur de l'Église, c'est-à-dire la mission itinérante de Jésus de Nazareth, depuis son séjour auprès de Jean Baptiste jusqu'à sa résurrection. Aucun évangéliste n'est exhaustif ; tous, pourtant, décrivent un parcours complet.

Encore à ce dernier niveau de la composition des évangiles, il n'est pas impossible que la liturgie ait joué un rôle. On a fait l'hypothèse, par exemple, que l'évangile de Marc avait été rédigé pour être lu d'un bout à l'autre dans la nuit de Pâques, au cours de laquelle on célébrait le baptême de nouveaux croyants. C'est difficile à prouver, les auteurs d'une telle hypothèse le savent bien. Pourtant, vu l'importance qu'avait la vie liturgique des communautés et la place qu'y occupait la fête de Pâques, c'est tout à fait possible : Marc aurait repris le récit de la Passion utilisé chaque année, à Rome, pour les célébrations pascales. Moyennant quelques remaniements, il l'aurait intégré à un récit plus large, lui composant comme une sorte de très longue préface relatant les événements antérieurs de la vie de Jésus, en tenant compte des exigences de la célébration. Et l'œuvre ainsi composée aurait tout naturellement soutenu les différentes étapes de la liturgie chrétienne, un peu comme le *seder* pascal des juifs.

Chaque texte a son histoire. Celle des évangiles de Matthieu, Luc ou Jean n'est pas la même que celle de l'œuvre dont Marc est l'auteur. Disons pourtant qu'elle est du même type. Chaque fois, il s'agit d'un récit non exhaustif mais complet. Chaque fois interviennent, à partir des traditions reçues, un auteur et sa personnalité, une Église avec ses conditions de vie.

Un écrivain chrétien de la fin du IIe siècle, saint Irénée, évêque de Lyon en Gaule, mort sans doute aux environs de l'an 202, donne un témoignage complet sur les circonstances qui ont accompagné la rédaction des quatre évangiles. Voici ce texte :

> Ainsi Matthieu publia-t-il chez les Hébreux, dans leur propre langue, une forme écrite d'Évangile, à l'époque où Pierre et Paul évangélisaient Rome et y fondaient l'Église. Après la mort de ces derniers, Marc, le disciple et l'interprète de Pierre, nous transmit, lui aussi par écrit, ce que prêchait Pierre. De son côté, Luc, le compagnon de Paul, consigna en un livre l'Évangile que prêchait celui-ci. Puis Jean, le disciple du Seigneur, celui-là même qui avait reposé sur sa

poitrine, publia lui aussi l'Évangile, tandis qu'il séjournait à Éphèse, en Asie.

IRÉNÉE, *Contre les hérésies*, III, 1,1,
Traduction A. Rousseau

Mise au point

LES TÉMOIGNAGES DE PAPIAS

Avant Irénée de Lyon, Papias, évêque d'Hiérapolis, avait donné des témoignages partiels portant sur Marc et Matthieu ; ces textes remontent aux alentours de l'année 20. Ils ont été conservés par Eusèbe de Césarée, dans son Histoire ecclésiastique *(III, 39, 15-16).*

Marc, qui avait été interprète de Pierre, écrivit exactement tout ce dont il se souvint, mais non dans l'ordre, de ce que le Seigneur avait dit et fait — Car il n'avait pas entendu le Seigneur et n'avait pas été son disciple, mais, bien plus tard, comme je le disais, celui de Pierre. Celui-ci donnait son enseignement selon les besoins, sans se proposer de mettre en ordre les paroles du Seigneur, de sorte que Marc ne fut pas en faute, ayant écrit certaines choses selon qu'il se les rappelait. Il ne se souciait que d'une chose : ne rien omettre de ce qu'il avait entendu et ne rien rapporter que de véritable.

... Matthieu réunit en langue hébraïque les *logia* (= les oracles de Jésus) et chacun les interpréta comme il en était capable.

Traduction G. Bardy

QUATRE RÉCITS SUR JÉSUS

Dans des communautés et à des époques différentes, quatre œuvres sont nées, chacune constituant un récit suivi concernant Jésus. La mémoire

Mise au point LA LANGUE DES ÉVANGILES

Les quatre évangiles, comme tout le Nouveau Testament, ont été transmis en grec. La question se pose pour trois d'entre eux (pas pour Luc) de savoir si le grec en est la langue originale ou s'il est lui-même la traduction d'un original sémitique, hébreu ou araméen.

Marc *et* Jean *sont rédigés en un grec peu littéraire, où les tournures sémitiques abondent. Elles sont explicables du fait que les auteurs écrivaient dans une langue qui n'était pas leur langue maternelle. Peut-être ont-ils utilisé des récits ou des collections de paroles qui auraient influencé leurs formulations. Mais aucune raison sérieuse ne permet de considérer le texte grec dans son ensemble comme une traduction.*

Pour Matthieu, *les témoignages de Papias et d'Irénée parlent clairement d'un écrit sémitique : « en langue hébraïque » selon Papias ; « chez les Hébreux, dans leur propre langue », selon Irénée. L'analyse littéraire du texte grec de l'évangile selon saint Matthieu révèle pourtant qu'il ne s'agit pas d'une simple traduction. L'original sémitique a certainement été amplifié et remanié en même temps que traduit.*

Autre question concernant Matthieu : la première ébauche était-elle en hébreu, langue traditionnelle du peuple juif ? Ou en araméen (qui n'est pas un dialecte, mais une langue tout aussi vénérable que l'hébreu), beaucoup plus répandu en Galilée et dans la plupart des villages juifs au Ier siècle de notre ère ? L'hébreu est possible et semble plus conforme aux indications de Papias et d'Irénée. Pourtant, il est courant dans les textes chrétiens rédigés en grec d'appeler « langue hébraïque » la langue des juifs, même lorsqu'il s'agit explicitement d'araméen. Il y en a trois exemples dans l'évangile de Jean (Jn 5,2 ; 19,13.17). L'araméen est alors plus probable. C'était d'ailleurs la langue maternelle de Jésus.

des chrétiens les mélange facilement en une sorte de récit unique qui va de la conception de Jésus à sa résurrection, en passant par son enfance, sa prédication et sa mort ; mais une telle attitude n'est guère respectueuse des textes.

Chaque évangéliste ne dit pas les mêmes choses : en fonction de la communauté à laquelle il s'adresse, il sélectionne, organise, présente les événements de façon particulière, et ses particularités sont une richesse à découvrir. Chaque œuvre vaut pour elle-même. Nul n'aurait l'idée de mélanger l'*Iphigénie en Aulide* d'Euripide avec celle de Racine, sous prétexte qu'elles racontent la même histoire !

Il en est de même des évangiles. Chacun a sa personnalité, et ce n'est pas sans raison que l'Église a préféré conserver quatre témoignages différents plutôt que de les fondre en un récit unique. Chacun est à lire pour lui-même, et d'un bout à l'autre. Voici, très rapidement données, quelques caractéristiques qui peuvent introduire à cette lecture.

L'évangile selon saint Matthieu

Matthieu fut longtemps l'évangile le plus lu et le plus commenté par l'Église catholique. Il rapporte les événements de façon facilement schématique, sans s'encombrer de détails ornementaux ; en revanche, il aime regrouper les enseignements de Jésus en grands discours très composés, dont le plus célèbre, le Sermon sur la montagne, est une sorte de reprise renouvelée de la Loi jadis donnée par Moïse au peuple juif (Mt 5-7). Jésus y est présenté comme un maître.

A la différence des autres évangiles, Matthieu fut d'abord, selon le témoignage d'Irénée et de quelques auteurs chrétiens anciens, rédigé dans une langue sémitique, en terre d'Israël. Le texte grec qui a été conservé est une sorte de seconde rédaction, amplifiée par rapport à la première, qu'on date le plus souvent des années 80. La communauté chrétienne où il vit le jour était en conflit ouvert avec les communautés juives qui se reconstituaient sous l'impulsion du mouvement pharisien, après la chute de Jérusalem et la destruction du Temple en l'an 70. En conséquence, l'évangile de Matthieu est très virulent contre les autorités juives du temps de Jésus ; il les charge dans leur responsabilité de sa mise à mort ; des quatre évangiles, il est celui qui développe le plus le thème du refus d'Israël.

Quelques passages célèbres ne se trouvent que chez Matthieu. Par exemple : l'épisode des Mages, la fuite en Égypte et le massacre des innocents (Mt 2) ; la parabole de l'ivraie (Mt 13,24-30) et son explication (Mt 13,36-43) ; la grande fresque du Jugement dernier avec la phrase fameuse : « Chaque fois que vous l'avez fait à l'un de ces plus petits qui sont mes frères, c'est à moi que vous l'avez fait » (Mt 25,31-46) ; et l'apparition du Ressuscité sur la montagne de Galilée où il confie à ses apôtres une mission universelle : « Tout pouvoir m'a été donné au ciel et sur la terre. Allez donc : de toutes les nations faites des disciples, les baptisant au nom du Père et du Fils et du Saint Esprit, leur apprenant à garder tout ce que je vous ai prescrit. Et moi, je suis avec vous tous les jours jusqu'à la fin des temps » (Mt 28,16-20).

L'évangile selon saint Marc

Plus court que les autres d'un tiers, Marc fut,

au contraire de Matthieu, longtemps négligé dans la liturgie chrétienne. L'époque moderne lui a rendu justice. Elle aime en lui un style souvent rugueux où se retrouve l'art du conteur populaire, des détails qui semblent gratuits mais qui sont en général riches de portée symbolique. Marc est considéré, de façon quasi unanime, comme le plus anciennement rédigé des évangiles (à Rome, peu avant ou peu après l'an 70), et cette ancienneté est aussi l'une de ses lettres de noblesse.

Marc rapporte peu d'événements ou de discours qu'on ne trouve chez les autres. Son originalité est ailleurs. Très marqué par la mort récente de Pierre et de Paul, il voit dans la persécution la condition presque normale de la vie chrétienne. Jésus est mort martyr, les principaux apôtres également, tout disciple doit vivre une passion, quelle qu'en soit la forme. On ne peut accéder à l'identité réelle de Jésus qu'en étant immergé au cœur de sa mort. Ainsi le centurion qui surveillait les opérations au Calvaire, voyant comment le crucifié avait expiré, et s'écriant alors : « Vraiment cet homme était Fils de Dieu » (Mc 15,39). Et c'est dans le tombeau où le cadavre n'est plus, que trois femmes reçoivent le message de la Résurrection ; elles en sortent mortes de peur et enfermées dans leur silence (Mc 16,8).

Dans un vocabulaire de tous les jours, Marc exprime une pensée théologiquement très élaborée. Jésus ne ménage pas ses disciples, et l'évangéliste ne ménage pas non plus son lecteur. Personne n'accepte facilement de marcher vers la vie en plongeant dans la mort.

L'évangile selon saint Luc

Le troisième évangile n'est que le premier

volume d'une œuvre qui en comporte deux et qui propose une histoire complète des origines du christianisme, depuis l'annonce de la naissance de Jean Baptiste, six mois avant celle de Jésus, jusqu'à l'arrivée de saint Paul à Rome, en 61 ; le second tome s'appelle les Actes des Apôtres. On dit souvent de Luc qu'il est l'évangéliste historien. Des quatre évangélistes, il est d'ailleurs le seul qui ne soit pas juif de naissance. Sa culture le rattache à Hérodote, Thucydide et aux autres écrivains grecs qui sont les pères de l'histoire en tant que science.

Luc est sans doute originaire d'Antioche, capitale de la province romaine de Syrie. Disciple de saint Paul, il l'accompagna dans plusieurs de ses déplacements. C'est pour l'Église d'Antioche qu'il se mit à écrire dans les années 80, période où convergent dans cette métropole les traditions chrétiennes de la terre d'Israël, ébranlée par la chute de Jérusalem en 70, et les traditions des Églises pauliniennes marquées par l'origine païenne de la plupart de leurs membres. Il intègre dans son œuvre des informations de provenance très diverses.

Le portrait du Christ qu'il trace respire la miséricorde divine. Le Seigneur Jésus accorde une attention privilégiée aux exclus de toutes sortes, aussi bien les femmes que les collecteurs d'impôts et les pécheurs. L'évangéliste est très sensible aux dangers des richesses qui sont par excellence la fausse sécurité de ce monde, et prêche avec force la pauvreté. Abandonner ses biens pour suivre Jésus, c'est la façon la plus évangélique de mourir à soi-même en temps de paix, puisque nul n'est dispensé de mourir comme le Christ, y compris dans les périodes sans persécutions.

Un bon nombre des passages les plus attachants des évangiles ne se trouvent que chez saint Luc : l'Annonciation et la Visitation (Lc 1,26-56), la visite des bergers à la crèche (Lc 2,1-20), Jésus parmi les docteurs (Lc 2,41-52), Marthe et Marie (Lc 10,38-42), le pardon accordé à Zachée (Lc 19,1-10) et au bon larron (Lc 23,39-43), la rencontre du Ressuscité avec les disciples d'Emmaüs (Lc 24,13-35). Il est aussi le seul à rapporter quelques-unes des paraboles les plus connues : le bon Samaritain (Lc 10,29-37), l'enfant prodigue (Lc 15,11-32), l'intendant infidèle (Lc 16,1-13), le pharisien et le publicain (Lc 18,9-14).

Même si elle l'a moins utilisé que l'évangile selon saint Matthieu, la tradition chrétienne lui a toujours accordé une place de choix à cause, en particulier, de ces belles pages qui ne se trouvent nulle part ailleurs.

L'évangile selon saint Jean

L'atmosphère du quatrième évangile est très différente des trois autres qui, en raison même de leurs ressemblances, sont d'ailleurs appelés « synoptiques » (c'est-à-dire : pouvant être disposés en tableaux parallèles et embrassés d'un seul regard). Jean est beaucoup plus méditatif : peu d'événements sont rapportés, mais chacun ou presque est comme une révélation que Jésus commente par un long discours, où la pensée avance par paliers : les mots se reprennent les uns les autres en ajoutant chaque fois une touche complémentaire.

Cette façon de rédiger, très caractéristique,

Mise au point
LES ÉVANGILES DE L'ENFANCE

Universellement connus car largement exploités par l'imagerie populaire, les récits concernant l'enfance de Jésus ne sont rapportés que par deux évangélistes : Matthieu (chapitres 1 et 2) et Luc (chapitres 1 et 2). Dans chacun de ces évangiles, ces deux chapitres sont une sorte de prologue montrant comment la mission de Jésus est anticipée de façon prophétique par les événements qui se sont produits autour de sa naissance.

Matthieu *raconte les choses du point de vue de Joseph : annonce à Joseph ; naissance et visite des mages ; fuite en Égypte ; massacre des innocents. Dès ses premiers mois, Jésus est rejeté par les chefs juifs (Hérode) et vénéré par les païens (les mages).*

Chez Luc *au contraire, Marie est au premier plan. Un parallèle est établi entre Jean Baptiste, symbole de l'Ancien Testament, et Jésus : annonce à Zacharie, père de Jean Baptiste ; annonce à Marie ; Visitation ; naissance de Jean Baptiste ; naissance de Jésus et visite des bergers ; présentation au Temple ; Jésus parmi les docteurs. Jésus est présenté comme le Prophète avec un grand P qui ferme l'Ancien Testament pour ouvrir le Nouveau, accueilli avec joie par les pauvres.*

Matthieu et Luc ont chacun leur point de vue théologique, discernable dans la présentation qu'ils font des événements. Leurs différences n'empêchent pourtant pas leurs points communs, qui proviennent de traditions anciennes : Jésus de Nazareth est né à Bethléem en Judée, au temps du roi Hérode ; Joseph est appelé son père, mais il fut conçu du Saint Esprit, et Marie, sa mère, était vierge.

donne un texte qui n'a pourtant rien de vaporeux ni de désincarné. Jésus prononce de nombreuses mises en garde contre les juifs, le mensonge et l'hypocrisie de leurs chefs sont dénoncés avec force ; cependant, le danger existe aussi dans l'Église, et Jean se méfie d'un prétendu christianisme cérébral ou faussement mystique qui négligerait les gestes concrets d'amour fraternel. Très vraisemblablement, l'auteur perçoit cette tendance dans la communauté pour laquelle il écrit, et il la combat de toute son énergie.

L'identité de l'auteur et le cadre dans lequel il rédigea son œuvre ont fait l'objet de nombreuses discussions entre les biblistes, et la question n'est pas close. Les tendances qu'il combat furent cependant très répandues au IIe siècle de notre ère, et déjà à la fin du Ier siècle. Elles sont à l'origine d'un courant hérétique qu'on appelle « le gnosticisme ». Pour cette raison et à cause d'un certain nombre d'indices littéraires qui montrent que le quatrième évangile fut retravaillé en couches successives, on date habituellement sa rédaction définitive de la fin du Ier siècle (vers 90) ; et on la localise à Éphèse, dans la province romaine d'Asie.

Jean possède assez peu de passages communs avec Matthieu, Marc et Luc. Il ne donne ni le récit du baptême de Jésus ni celui de l'institution eucharistique. Lui seul, en revanche, rapporte les noces de Cana (Jn 2,1-12), l'entretien avec Nicodème (Jn 3,1-21), la Samaritaine (Jn 4,1-42), la guérison de l'aveugle-né (Jn 9), la résurrection de Lazare (Jn 11,1-44). Le dernier repas que Jésus prit avec ses disciples est marqué par le lavement des pieds (Jn 13,1-20), et il est suivi d'un long discours d'adieux au cours duquel Jésus prie pour l'unité des disciples sans cesse menacée : « Que tous soient un comme toi, Père, tu es en moi et que je suis en toi, qu'ils soient en nous, eux aussi, afin que le monde croie que tu m'as envoyé » (Jn 17,21).

QUI DIT VRAI ?

On ne s'étonne pas d'une telle diversité dans les témoignages donnés par les évangiles quand on connaît l'histoire de leur rédaction : quelques décennies d'élaboration littéraire séparent les événements des textes qui les rapportent, période de vie intense dans les Églises du Ier siècle ; les problèmes posés, les solutions qu'on leur trouvait, de multiples facteurs ont joué dans les motifs pour lesquels on rapportait les événements de la vie de Jésus et dans la façon dont on les racontait. Les évangiles ne sont pas des reportages se prétendant objectifs.

Mais une question demeure : qui dit vrai ? à qui se fier ? Chaque évangile ne rapporte pas tout. Celui de Jean s'achève même par une remarque qui devance les reproches qu'on pourrait lui faire d'être incomplet : « Jésus a fait encore bien d'autres choses : si on les écrivait une à une, le monde entier ne pourrait, je pense, contenir les livres qu'on en écrirait » (Jn 21,25). Il arrive cependant que, pour un événement donné, les récits présentent des différences irréductibles. On est alors tenté de mettre en doute l'authenticité de leur témoignage sur des points précis et, de proche en proche, de considérer l'ensemble des textes évangéliques avec soupçon.

A titre d'illustration, voici les quatre récits de la mort de Jésus donnés par chacun des évangiles :

MATTHIEU

... Même les bandits crucifiés avec lui l'injuriaient de la même manière. A partir de midi, il y eut des ténèbres sur toute la terre jusqu'à trois heures. Vers trois heures, Jésus s'écria d'une voix forte : « Éli, Éli, lema sabaqthani » c'est-à-dire : « Mon Dieu, mon Dieu, pourquoi m'as-tu abandonné ? » Certains de ceux qui étaient là disaient, en l'entendant : « Le voilà qui appelle Élie ! » Aussitôt l'un d'eux courut prendre une éponge qu'il imbiba de vinaigre ; et, la fixant au bout d'un roseau, il lui présenta à boire. Les autres dirent : « Attends ! Voyons si Élie va venir le sauver. » Mais Jésus, criant de nouveau d'une voix forte, rendit l'esprit. Et voici que le voile du Temple se déchira en deux du haut en bas ; la terre trembla, les rochers se fendirent ; les tombeaux s'ouvrirent, les corps de nombreux saints défunts ressuscitèrent : sortis des tombeaux, après sa résurrection, ils entrèrent dans la Ville sainte et apparurent à un grand nombre de gens. A la vue du tremblement de terre et de ce qui arrivait, le centurion et ceux qui avec lui gardaient Jésus furent saisis d'une grande crainte et dirent : « Vraiment, celui-ci était Fils de Dieu. » Il y avait là plusieurs femmes qui regardaient à distance ; elles avaient suivi Jésus depuis les jours de Galilée en le servant ; parmi elles se trouvaient Marie de Magdala, Marie la mère de Jacques et de Joseph, et la mère des fils de Zébédée.

(Matthieu 27, 44-56)

MARC

... Ceux qui étaient crucifiés avec lui l'injuriaient aussi. A midi, il y eut des ténèbres sur toute la terre jusqu'à trois heures. Et à trois heures, Jésus cria d'une voix forte : « Eloï, Eloï, lama sabaqthani ? » ce qui signifie : « Mon Dieu, mon Dieu, pourquoi m'as-tu abandonné ? » Certains de ceux qui étaient là disaient, en l'entendant : « Voilà qu'il appelle Élie ! » Quelqu'un courut, emplit une éponge de vinaigre et, la fixant au bout d'un roseau, il lui présenta à boire en disant : « Attendez, voyons si Élie va venir le descendre de là. » Mais, poussant un grand cri, Jésus expira. Et le voile du Sanctuaire se déchira en deux du haut en bas. Le centurion qui se tenait devant lui, voyant qu'il avait ainsi expiré, dit : « Vraiment, cet homme était Fils de Dieu. » Il y avait aussi des femmes qui regardaient à distance, et parmi elles Marie de Magdala, Marie la mère de Jacques le Petit et de José, et Salomé, qui le suivaient et le servaient quand il était en Galilée, et plusieurs autres qui étaient montées avec lui à Jérusalem.

(Marc 15, 32-41)

LUC

... L'un des malfaiteurs crucifiés l'insultait : « N'es-tu pas le Messie ? Sauve-toi toi-même et nous aussi ! » Mais l'autre le reprit en disant : « Tu n'as même pas la crainte de Dieu, toi qui subis la même peine ! Pour nous, c'est juste : nous recevons ce que nos actes ont mérité ; mais lui n'a rien fait de mal. » Et il disait : « Jésus, souviens-toi de moi quand tu viendras comme roi. » Jésus lui répondit : « En vérité, je te le dis, aujourd'hui, tu seras avec moi dans le paradis. » C'était déjà presque midi, et il y eut des ténèbres sur toute la terre jusqu'à trois heures, le soleil ayant disparu. Alors le voile du Sanctuaire se déchira par le milieu ; Jésus poussa un grand cri ; il dit : « Père, entre tes mains je remets mon esprit. » Et, sur ces mots, il expira. Voyant ce qui s'était passé, le centurion rendait gloire à Dieu en disant : « Sûrement, cet homme était juste. » Et tous les gens qui s'étaient rassemblés pour ce spectacle, à la vue de ce qui s'était passé, s'en retournaient en se frappant la poitrine. Tous ses familiers se tenaient à distance, ainsi que les femmes qui le suivaient depuis la Galilée et qui regardaient.

(Luc 23,39-49)

JEAN

... Près de la croix de Jésus se tenait debout sa mère, la sœur de sa mère, Marie, femme de Clopas et Marie de Magdala. Voyant ainsi sa mère et près d'elle le disciple qu'il aimait, Jésus dit à sa mère : « Femme, voici ton fils. » Il dit ensuite au disciple : « Voici ta mère. » Et depuis cette heure-là, le disciple la prit chez lui. Après quoi, sachant que dès lors tout était achevé, pour que l'Écriture soit accomplie jusqu'au bout, Jésus dit : « J'ai soif » ; il y avait là une cruche remplie de vinaigre, on fixa une éponge imbibée de ce vinaigre au bout d'une branche d'hysope et on l'approcha de sa bouche. Dès qu'il eut pris le vinaigre, Jésus dit : « Tout est achevé » ; et inclinant la tête, il remit l'esprit.

(Jean 19, 25-30)

Quelques remarques s'imposent. Matthieu et Marc sont très proches l'un de l'autre encore que, chez le premier, des événements extraordinaires, tombeaux qui s'ouvrent, morts qui ressuscitent, se produisent au moment où Jésus rend le dernier soupir. Luc est le seul à rapporter le dialogue entre Jésus et le bon larron ; Matthieu et Marc, au contraire, confondent les deux malfaiteurs dans une attitude hostile envers leur compagnon de supplice. Luc est également le seul à dire le repentir des gens qui rentrent chez eux en se frappant la poitrine. Ni Luc ni Jean ne mettent dans la bouche de Jésus la plainte « Mon Dieu, mon Dieu, pourquoi m'as-tu abandonné ? » qui correspond au début du psaume 22 cité en araméen ; chez Luc, la dernière parole du Crucifié s'inspire d'un autre psaume (Ps 31,6) à la tonalité beaucoup plus confiante : « Père, entre tes mains je remets mon esprit » ; chez Jean, Jésus dit tout autre chose : « J'ai soif » ; et un peu plus tard : « Tout est achevé. » Jean, enfin, est le seul à mentionner la présence de Marie, mère de Jésus, parmi les femmes qui sont au pied de la croix, et à lui donner comme fils le disciple qu'il aimait : « Femme, voici ton fils — Voici ta mère. »

Qui dit vrai ?

On peut, et c'est légitime, remarquer que les différences relevées n'empêchent pas, entre ces quatre récits, un certain nombre de convergences qui attestent une tradition assez unanime : Jésus est mort le vendredi au début de l'après-midi, crucifié en même temps que deux malfaiteurs ; l'attitude des spectateurs et des deux autres condamnés était globalement hostile ; les disciples de sexe masculin avaient en majorité abandonné leur maître ; ce sont principalement des femmes

Mise au point
« PAROLE D'ÉVANGILE »

L'expression est devenue quasi proverbiale et désigne une affirmation à laquelle on peut se fier sans risque d'erreur. Un simple coup d'œil sur les textes montre que les choses ne sont pas si simples.

Les évangiles sont nés dans des communautés et sont des œuvres d'auteurs. Cela implique une subjectivité dont témoignent les divergences entre les textes.

Ce n'est pas contraire à la conviction chrétienne qu'ils sont, comme toute la Bible, « Parole de Dieu ». L'activité de l'homme et celle de Dieu se situent à des niveaux différents ; elles ne sont pas concurrentes. Une parole n'a pas besoin d'être moins humaine pour être plus divine.

Les évangiles sont « Parole de Dieu » parce que Dieu parle aux hommes à travers eux ; ce qui n'a rien à voir avec une quelconque revendication d'objectivité illusoire.

qui ont suivi Jésus jusqu'au bout et qui étaient là lorsqu'il rendit le dernier soupir.

Tel est, rapidement tracé, le cadre historique dans lequel les choses ont dû se passer. La connaissance qu'on peut en avoir est loin d'être nulle. Cependant, à l'intérieur de ce cadre, chaque évangéliste fait usage d'une liberté qui est celle de tous les auteurs et qui n'empêche aucunement que son écrit soit inspiré.

Tout récit est une construction littéraire ; il le fut dès qu'il fut rapporté par le premier témoin ; il le fut encore aux différentes étapes de son élaboration dans la tradition des Églises ; il l'est encore au moment de sa rédaction par les auteurs qui ont écrit les évangiles tels qu'il nous sont parvenus.

A travers l'épisode du bon larron, Luc dit à son lecteur qu'il n'est jamais trop tard pour se convertir. Chez Jean, Marie, mère de Jésus, est la figure de l'Église, et la relation qui l'unit à tout disciple plonge ses racines dans le sol du Golgotha. Chaque détail est riche de mille et une significations ; il est un langage ; il dit la vérité de l'Évangile quoi qu'il en soit de son exactitude historique en tant que détail.

Jésus a existé, nul ne le nie plus aujourd'hui, sauf quelques attardés aux opinions relevant d'un scientisme exacerbé. Sa figure est historiquement discernable, mais il est illusoire de vouloir en reconstituer tous les détails. Les évangélistes sont des auteurs, et les historiens qui écrivent sur Jésus aujourd'hui également. Chacun interroge le passé avec ses propres questions. Il n'y a pas d'histoire objective.

Les témoins directs sont morts. Le passé est mort. La psychologie et la conscience de Jésus n'ont pas d'intérêt, car elles ne peuvent servir de modèle à personne. L'Église a retenu quatre évangiles qui sont quatre témoignages ; ils se questionnent l'un l'autre et tout désir de les harmoniser est factice.

Une harmonisation fut tentée dès le IIe siècle par un certain Tatien, qui crut bien faire en écrivant un arrangement évangélique connu sous le nom de *Diatessaron* (voir p. 82) ; et des essais du même type furent souvent repris jusqu'à nos jours. Des auteurs soucieux de pédagogie, conscients des difficultés qu'il y a à passer d'un évangile à l'autre, se sont lancés dans la composition d'un récit unique, sorte de produit de synthèse où les divergences sont estompées.

Pour intéressantes qu'elles fussent, de telles entreprises n'eurent jamais aucun caractère officiel. L'Église continue de se référer aux quatre témoignages différents et complémentaires qui centrent le regard sur Jésus sans pour autant pouvoir le contenir, les œuvres respectives de Matthieu, Marc, Luc et Jean.

Mise au point

AUTEURS ET DATES DES ÉVANGILES

Matthieu, Marc, Luc et Jean : ces quatre noms sont ceux que la tradition chrétienne donne aux auteurs des quatre évangiles. La critique moderne amène pourtant à reconsidérer cette question, surtout pour Matthieu et Jean.

Il n'y a, en effet, guère de problème pour Marc et Luc. Tous deux sont des personnages secondaires de l'Église primitive. Ils n'appartiennent pas au groupe des douze Apôtres. On ne leur aurait pas attribué la paternité d'un évangile s'ils n'en étaient effectivement les auteurs. L'examen critique des deux œuvres amène d'ailleurs à des conclusions qui rejoignent le témoignage d'Irénée (voir p. 54). Marc écrivit à Rome, après la mort de Pierre et de Paul, c'est-à-dire aux environs de l'année 70. Vient ensuite l'évangile selon saint Luc, disciple et compagnon de Paul, dont l'atmosphère paraît bien refléter la période plus calme des années 80.

Le premier évangile est attribué à Matthieu dont le nom figure dans les listes des douze Apôtres. Lui-même présente le personnage de Matthieu comme un publicain ou collecteur d'impôts, appelé par Jésus à le suivre alors qu'il remplissait son office à Capharnaüm (Mt 9,9). Un tel homme ne semble guère préparé à être un des écrivains les plus marquants du Nouveau Testament. Saint Irénée dit par ailleurs de Matthieu qu'il composa « chez les Hébreux, dans leur propre langue, une forme écrite d'évangile, à l'époque où Pierre et

Paul évangélisaient Rome et y fondaient l'Église (c'est-à-dire entre 61 et 64) ». Or, l'évangile selon saint Matthieu qui nous a été transmis est rédigé en grec. L'ensemble de ces données conduit à faire l'hypothèse suivante, assez communément retenue : l'apôtre Matthieu est à l'origine du document sémitique dont parle Irénée ; il a été retravaillé et traduit en grec par un ou des auteurs dont l'identité n'est pas connue ; le document actuel date au plus tôt, tout comme les écrits de Luc, des années 80. Des indices littéraires assez sûrs montrent qu'il est postérieur à la chute de Jérusalem. Pour désigner le groupe responsable des adaptations successives et de la traduction de ce document, on parle quelquefois d'« École de Matthieu ».

La question de l'auteur du quatrième évangile est encore plus complexe. La tradition l'attribue à Jean frère de Jacques, fils de Zébédée, pêcheur de son état, établi sur les rives du lac de Gennésareth. Il fut l'un des quatre premiers disciples de Jésus (Mc 1,18-20). Dans l'œuvre elle-même, l'auteur ne se nomme pas, mais parle souvent du « disciple que Jésus aimait » (par exemple en Jn 13,23), ce qui semble être une sorte de signature (reprise d'ailleurs en Jn 21,24). On se demande s'il ne faut pas l'identifier avec celui que les textes appellent « l'autre disciple », dont il précise qu'il était « connu du grand prêtre » (Jn 18,15). Qui peut être ce personnage en qui se rassemblent des traits apparemment peu conciliables : humble pêcheur de Galilée, connu du grand prêtre de Jérusalem et rédacteur d'un ouvrage aussi élaboré que l'évangile selon saint Jean ?

Différentes hypothèses ont été échafaudées pour résoudre l'énigme. Plusieurs vont dans le sens d'un dédoublement de la personne de Jean. A côté de Jean, fils de Zébédée, aurait existé un autre Jean, appelé souvent Jean l'Ancien, bien introduit dans les milieux officiels de Jérusalem et peut-être prêtre lui-même. Mais il est sans doute plus simple de se rallier à une solution analogue à celle qu'on a retenue pour Matthieu : Jean l'Apôtre serait à l'origine du quatrième évangile, sans en être pour autant le rédacteur final ; l'analyse du texte actuel révèle d'ailleurs à l'évidence qu'il est le résultat d'une longue élaboration littéraire.

Ces remarques vont dans le sens d'une date assez tardive, dans les années 90, ce qui rejoint le témoignage d'Irénée qui situe le quatrième évangile en dernier, après Luc. Des essais récents ont été tentés pour faire de l'évangile de Jean un écrit beaucoup plus ancien, élaboré à partir de notes prises par l'entourage de Jésus. Ce sont des tentatives qui ne résistent pas à un examen critique élémentaire.

4

Le choix

L'Église ne reconnaît que quatre évangiles. Pourquoi seulement quatre ? Tout le monde a entendu parler d'autres récits anciens sur Jésus qu'on appelle « évangiles apocryphes ». Pour quelle raison ne font-ils pas partie de la Bible ?

Les chrétiens de l'Antiquité ne se sont pas, un beau jour, arrêtés d'écrire des évangiles officiels en décidant du même coup que tous les autres seraient apocryphes. Aucun écrivain biblique n'a eu conscience d'écrire la Bible. Les choix, dans de tels domaines, se font toujours a posteriori.

Il serait tout aussi faux d'imaginer un soudain coup de couperet tombé de Rome soucieuse de préserver on ne sait quelle idéologie ou un quelconque pouvoir, écartant d'un revers de main tous les écrits jugés non conformes à la saine doctrine. Il est exact que la liste officielle des livres bibliques a été dressée par un concile présidé par le pape ; mais c'est un concile du XVIe siècle, le Concile de Trente ! Il n'a fait qu'officialiser une liste déjà vieille de plus d'un millénaire, depuis longtemps reconnue par une tradition quasi unanime.

En fait, c'est dans le courant du IIe siècle de notre ère, entre 100 et 200, que les choses se sont jouées. Le choix des écrits composant le Nouveau Testament s'est opéré progressivement à cette période, répondant à une nécessité des communautés.

ASPECTS DE L'ÉGLISE AU IIe SIÈCLE

Plus proches de nous dans le temps, les communautés chrétiennes du IIe siècle sont paradoxalement plus difficiles à connaître que celles du Ier siècle, dans la mesure même où leurs écrits ont été moins bien conservés. Elles furent pourtant le lieu d'une abondante production littéraire. Aux évangiles et aux épîtres déjà connus s'ajoutèrent de nouveaux écrits nés des circonstances et des besoins, qui firent bientôt nombre avec les textes du Ier siècle. Avant de sélectionner, l'Église a continué de produire.

Il faut prendre la mesure de ce foisonnement pour comprendre les raisons qui ont progressivement amené à opérer un tri. Trois maîtres mots pourront y aider : persécutions, organisation, éclatement. Chacun caractérise un des aspects de la vie chrétienne au IIe siècle ; il dessine un des éléments du cadre dans lequel ont été élaborés les nouveaux écrits.

Persécutions

Dès ses débuts, le christianisme rencontra des oppositions, son fondateur, Jésus Christ, ayant d'ailleurs lui-même été mis à mort. Les chrétiens vénèrent saint Étienne comme leur premier martyr (en 36 ou 37 de notre ère ; Ac 7,54-60), premier d'une série démesurément longue. Les Actes des Apôtres rapportent encore la mort de Jacques fils de Zébédée, alias saint Jacques le Majeur (Ac 12,1-2). La tradition atteste unanimement la mort de Pierre et de Paul à Rome sous Néron, en 64 ou 67. Dix apôtres sur douze (à l'exception de Jean et de Judas) ont terminé leur vie martyrisés lors d'une persécution.

L'hostilité des autorités en place à l'égard du christianisme grandissant se poursuivra à la fin du Ier siècle et dans le courant du IIe siècle, sans qu'il faille pour autant majorer le phénomène. Plusieurs persécutions furent occasionnées par des événements locaux et restèrent d'une étendue limitée. Imaginer les empereurs romains dépêchant leurs légions pour massacrer les chrétiens à travers tout l'Empire relève de la mauvaise image d'Épinal. Il n'empêche que presque tous les empereurs du IIe siècle et de la fin du Ier siècle organisèrent eux-mêmes des persécutions contre les chrétiens ou au moins les tolérèrent : Domitien (81-96), Trajan (98-117), Hadrien (117-138), Antonin (138-161), Marc Aurèle (161-180), Commode (180-192). Il n'y a guère que le court règne de Nerva qui fait exception.

Cette hostilité ne se manifesta d'ailleurs pas uniquement par du sang versé. Des persécutions sanglantes on peut rapprocher les vexations et la polémique antichrétienne entretenue par les intellectuels ; défenseurs d'un paganisme civique et raisonnable, ils considéraient le christianisme et la plupart des religions orientales comme des superstitions désastreuses ne méritant pas d'exister. Celse, contemporain de Marc Aurèle, est le plus célèbre d'entre eux et sans doute l'un des mieux informés ; car il faut dire que ces polémistes ne prenaient pas toujours la peine de vérifier le bien-fondé des accusations dont ils se faisaient les hérauts.

Ce contexte d'hostilité latente ou déclarée provoqua l'éclosion de toute une littérature chrétienne : les chrétiens accusés prirent leur propre défense. Saint Justin, mort martyr à Rome vers 165, ne rédigea pas moins de deux *Apologies* visant à réfuter les accusations portées contre l'Église, sans compter un célèbre *Dialogue avec Tryphon* où il engage la polémique sur les mêmes sujets mais, cette fois, avec un juif. Des récits de martyres virent aussi le jour, par exemple le *Martyre de Polycarpe*, évêque de Smyrne en Asie Mineure (aujourd'hui Izmir), torturé dans sa ville peu avant ou peu après 170. La voie royale du martyre comme forme suprême de l'imitation du Christ avait cependant été ouverte dès le début du IIe siècle, sous Trajan, par saint Ignace, évêque d'Antioche ; destiné aux fauves de l'amphithéâtre, il se rendit à Rome enchaîné, adressant des lettres aux communautés chrétiennes des villes qu'il devait traverser et leur disant l'honneur qui lui était fait d'être bientôt « moulu comme un froment sous la dent des bêtes » ! A peine plus récentes que les écrits de saint Jean, les *Lettres d'Ignace d'Antioche* sont un témoignage unique sur le sens chrétien du martyre.

Organisation

S'il fut très marqué par les persécutions, le IIe siècle n'en fut pas moins une période de mise en place, en attendant les codifications qui se feront dans les siècles suivants de manière plus systématique. A mesure qu'il prend de l'âge, un courant spirituel et religieux a besoin de s'organiser. Saint Paul déjà, lorsqu'il écrivait aux Corinthiens ou aux Philippiens dans les années 55-60, avait eu à régler un certain nombre de questions pratiques concernant la vie des communautés, et à donner des consignes précises. La tendance s'accentua avec les années : les épîtres à Tite et à Timothée, par exemple, sont marquées par un souci d'organisation qui en atténue le souffle.

Des écrits chrétiens du IIe siècle répondent à la même préoccupation. L'un des plus significatifs est un ouvrage dont le nom complet pourrait se traduire *Instructions des Apôtres*, mais qu'on désigne habituellement par son titre grec abrégé : la *Didachè*. Remontant à la fin du Ier siècle ou au début du IIe siècle, il est une sorte de guide pour la vie des communautés, comprenant en particulier des formulaires de célébration pour le baptême et l'eucharistie. Les historiens de la liturgie y font constamment référence.

De la même époque, mais sous une forme littéraire différente puisqu'il s'agit d'une lettre, nous connaissons également une *Épître de Clément de Rome aux Corinthiens*. On peut la rapprocher de ses deux grandes sœurs envoyées par saint Paul à la même communauté. L'auteur, troisième pape après saint Pierre, écrit aux chrétiens de Corinthe pour régler des conflits internes dont il a été informé ; c'est plus une épître de circonstance qu'un écrit d'organisation proprement dit, encore que Clément profite du courrier qu'il envoie pour repréciser quelques règles.

Éclatement

N'allons pas imaginer qu'à un Ier siècle d'harmonie, de concorde et d'uniformité aurait succédé un IIe siècle fait de diversité, de tiraillements, de conflits. Ce que nous savons des communautés chrétiennes à l'époque des Apôtres est révélateur de multiples tensions s'ajoutant à une diversité normale et même nécessaire. La crise qui secoua l'Église de Colosses peu avant qu'elle ne reçoive une lettre de Paul dans les années 60-65 eut pour point de départ ce qu'il faut bien appeler une hérésie.

Les dissidences s'accentuèrent pourtant au IIe siècle. Des courants existant dans les années 80-90 se cristallisèrent par la suite en groupes constitués, en conflit plus ou moins ouvert avec d'autres Églises. Des chefs de file se dégagèrent. Des écrits furent rédigés au sein des diverses tendances pour justifier les positions du groupe ou combattre celles des adversaires.

Les communautés chrétiennes d'origine juive, par exemple, se trouvèrent assez vite isolées. Israël avait perdu son centre en 70, lorsque Jérusalem avait été prise par les légions commandées par Titus. Quelques décennies plus tard, en 135, l'empereur Hadrien faisait réprimer une seconde révolte et débaptisait le pays juif pour l'appeler « Palestine », nom formé sur celui d'une ancienne population qui s'était installée dans la plaine maritime plus d'un millénaire auparavant, les Philistins. Il interdisait Jérusalem aux juifs et rebâtissait la ville sur le plan des cités romaines.

Comme tous les juifs dispersés, les chrétiens juifs (ou « judéo-chrétiens ») s'efforcèrent de conserver leurs traditions menacées. Ils les consignèrent par écrit sous forme de récits du même type que les autres évangiles, en les garantissant souvent par l'autorité des hommes qui avaient été les principaux évangélisateurs d'Israël : Pierre, le premier pape, et Jacques de Jérusalem, premier évêque de la Ville sainte.

Ces noms d'emprunt peuvent surprendre. Mais l'Antiquité avait une tout autre notion que nous de la propriété littéraire. Un auteur qui écrivait sous le nom d'un glorieux ancêtre rendait hommage à ce dernier sans avoir le sentiment d'être un faussaire. La pseudépigraphie — terme technique pour désigner ce procédé — était courante.

Plus répandu que les judéo-chrétiens, le courant gnostique, qui se constitua en véritables sectes, fut aussi beaucoup plus fécond au plan littéraire. On désigne sous le nom de « gnosticisme » des mouvements, nombreux au IIe siècle, ayant tenté une sorte de synthèse entre le christianisme, la philosophie grecque tardive et des mystiques orientales fortement teintées d'ésotérisme. Assez divers dans leur pensée ou dans leur organisation, ils avaient cependant en commun de prétendre à un certain salut par la connaissance (en grec *gnôsis*), ce qui faisait passer au second plan ce pour quoi Paul s'était tant battu, lui qui affirmait à temps et à contretemps : C'est en Jésus seul que les hommes sont sauvés.

La littérature gnostique est fort abondante, les écrits les plus anciens remontant au début du IIe siècle. Elle comprend plusieurs évangiles dont quelques-uns ont été, comme toujours, placés sous l'autorité d'apôtres, et de nombreux traités sur les sujets les plus divers. Nous la connaissons beaucoup mieux que les écrits judéo-chrétiens, surtout depuis 1945, date à laquelle a été découverte, à Nag Hamadi en Haute-Égypte, une bibliothèque gnostique riche de quarante-quatre ouvrages.

« Gnosticisme » est un nom générique. D'autres hérésies du IIe siècle, au contraire, sont désignées par le nom de celui qui en fut le promoteur. C'est le cas du marcionisme, doctrine prêchée à Rome autour de l'année 150 par Marcion, prêtre originaire de la région du Pont, la rive sud de la mer Noire. Marcion établissait une opposition irréductible entre le Dieu de l'Ancien et le Dieu du Nouveau Testament, en poussant à l'extrême les propos de saint Paul sur la nouveauté apportée par le Christ. Pour défendre ses thèses, il opéra un tri dans les écrits chrétiens dont il avait connaissance, ne retenant que dix épîtres de Paul et une partie de l'évangile de Luc, disciple de Paul. Selon Marcion, ces onze écrits, et eux seuls, sont l'expression privilégiée de la doctrine authentiquement chrétienne.

Une vingtaine d'années plus tard, apparut en Asie Mineure une hérésie d'un autre type, le montanisme, dont l'initiateur, Montan, avait été, avant sa conversion, prêtre d'une divinité païenne orientale, vraisemblablement Cybèle. Il prétendait être une incarnation de l'Esprit Saint et annonçait l'arrivée imminente de la fin des temps. Le montanisme produisit, lui aussi, de nombreux écrits, tous aujourd'hui perdus.

On ne saurait achever ce rapide panorama de l'Église au IIe siècle et de ses productions littéraires sans rappeler le nom déjà cité de Tatien qui exerça son ministère en Syrie et, pour faciliter à ses fidèles l'approche de Jésus de Nazareth, essaya de regrouper les quatre évangiles en un seul récit qu'il appela le *Diatessaron*. Et, bien sûr, en même temps que s'exprimait la marginalité, la doctrine de l'Église majoritaire avait, elle aussi, ses défenseurs ; nous avons déjà eu l'occasion de parler d'Irénée, évêque de Lyon en Gaule, qui rédigea son traité *Contre les hérésies* dans les dernières années du IIe siècle, et pour lequel il n'y a, selon la tradition la plus authentique de l'Église, que quatre évangiles dignes de ce nom.

LES CRITÈRES D'UNE SÉLECTION

C'est donc dans la seconde moitié du IIe siècle qu'on trouve les premiers témoignages privilégiant quatre évangiles parmi les multiples récits concernant Jésus. A peu près contemporain du traité de saint Irénée *Contre les hérésies*, existe un document rédigé en latin, découvert à Milan au XVIIIe siècle par un savant prêtre italien, Ludovico Muratori (1672-1750), contenant la liste des ouvrages chrétiens reconnus comme livres saints par l'Église de Rome aux alentours de 180. Connu sous le nom de *Canon de Muratori*, ce texte d'un intérêt exceptionnel mais en partie mutilé cite, avant les Actes des Apôtres et les épîtres de saint Paul, quatre évangiles dont les deux derniers nommés sont, sans équivoque possible, ceux de Luc et de Jean. Il est donc clair que l'usage des chrétiens de Rome et celui des chrétiens de Lyon concordaient : les deux Églises locales avaient, à la fin du IIe siècle, les mêmes quatre évangiles.

Selon quels critères avaient-ils été sélectionnés ? On ne peut répondre à cette question en l'isolant du choix qui s'est opéré des autres écrits du Nouveau Testament (Actes des Apôtres, épîtres de Paul etc., vingt-sept livres en tout) ; et un examen attentif de la liste complète de ces écrits montre que les critères qui viennent le plus facilement à l'esprit ne sont pas ceux qui ont réellement joué.

Ce n'est pas une question de date de composition. La *Didachè* et l'*Épître de Clément de Rome aux Corinthiens*, qui ne font pas partie du Nouveau Testament, ont dû être rédigées dans les mêmes années que l'évangile selon saint Jean et, à plus forte raison, avant la seconde épître de Pierre, dont saint Pierre n'est pas l'auteur (c'est un écrit « pseudépigraphe »), et qui ne remonte guère au-delà de l'année 125. Or, l'évangile de Jean et la seconde épître de Pierre sont comptés, eux, parmi les vingt-sept livres du Nouveau Testament.

Ce n'est pas non plus une question de nom d'auteur, comme si l'Église avait retenu de préférence les textes placés sous l'autorité d'un Apôtre. Le Nouveau Testament comporte deux épîtres attribuées à Pierre, mais pas l'*Évangile de Pierre*, classé parmi les apocryphes. Et qui plus est, ni Marc, ni Luc, ni Paul, qui occupent une place d'honneur dans les Écritures chrétiennes, ne font partie du groupe des Douze.

En fait, le seul critère qui semble avoir joué réellement n'est pas d'ordre rationnel : il s'agit de l'usage des Églises. Dans l'abondante production chrétienne, certains écrits sont apparus comme normatifs pour la foi des communautés et d'autres non, sans compter que d'autres encore, les écrits gnostiques par exemple, ont été perçus comme l'expression de doctrines hérétiques. De même que Marcion opérait un choix très étroit d'ouvrages lui permettant de justifier ses positions, les autres communautés constituaient progressivement la liste des écrits qu'elles utilisaient dans leur liturgie, dans leur réflexion théologique, dans leur enseignement. Un consensus se fit dans l'ensemble de la chrétienté, au moins sur la liste des livres principaux, et les Églises aboutirent peu à peu à une règle commune, un *canon* des Écritures chrétiennes (du grec *kanôn*, qui signifie « roseau » et, à partir de là, « règle »).

Quelques flottements existèrent encore après le IIe siècle. Le *Canon de Muratori*, témoin de l'usage romain, admet, par exemple, parmi les Écritures une *Apocalypse de Pierre* qui n'y resta pas par la suite. L'*Évangile de Pierre*, déjà cité, fut reçu comme canonique par certaines Églises syriennes, jusque dans le courant du IIIe siècle. A ces détails près, on peut cependant dire que, dès la fin du IIe siècle, le canon des Écritures chrétiennes était fixé pour l'essentiel.

LES ÉVANGILES APOCRYPHES

Les écrits qui ne furent pas jugés dignes de faire partie du Nouveau Testament le furent finalement pour des raisons différentes. Des textes comme la *Didachè* ou l'*Épître de Clément de Rome aux Corinthiens* ne contiennent rien qui soit contraire à la pensée commune de l'Église, mais ne furent pas considérés comme ayant une autorité comparable aux épîtres de Paul, de Jacques ou de Pierre. Saint Ignace d'Antioche et saint Justin furent sans doute jugés trop tardifs, témoins d'une pensée sensiblement différente de celle de l'âge apostolique. L'*Évangile de Pierre*, certainement pseudépigraphe (peut-être les anciens s'en étaient-ils déjà rendu compte), manque de sobriété ; il se complaît dans la description de phénomènes cosmiques surnaturels, et cette insistance a sans doute paru suspecte à de nombreuses communautés du IIe siècle. Quant aux écrits nettement hérétiques, spécialement ceux qui proviennent du courant gnostique, ils ont été combattus par la majorité des Églises qui n'a jamais songé à les « canoniser ». Ce sont eux qui, les premiers, furent appelés « apocryphes » (= secret, caché), du fait même qu'ils prétendaient faire accéder au salut par une connaissance de type initiatique, inaccessible aux gens du commun. Mais progressivement le sens du mot s'élargit ; saint Jérôme (347-420) l'employa pour désigner les écrits faussement attribués aux contemporains de Jésus et ne faisant pas partie du canon des Écritures ; et cet usage est resté. Il existe des évangiles apocryphes, des Actes apocryphes (d'André, de Jean, de Paul, de Pierre, de Pilate, etc.), des apocalypses apocryphes (de Pierre notamment).

Beaucoup de ces écrits sont intégralement perdus ; on n'en connaît que le titre, par des allusions qu'y font des écrivains de l'Antiquité chrétienne. De quelques-uns on connaît des fragments, lorsqu'ils sont cités par un autre auteur dont les écrits ont été conservés. Parfois une découverte archéologique permet de mettre la main sur tout ou partie d'un écrit apocryphe au nom précédemment connu ou inconnu. L'Égypte a, dans ce domaine, révélé des trésors. A côté des découvertes de Nag Hamadi déjà signalées (1945), on peut citer celles d'Oxyrhynchos où furent trouvés, à la fin du XIXe siècle, de nombreux papyrus.

Faire une présentation complète des différents évangiles apocryphes nécessiterait une place énorme, tant l'univers auquel ils appartiennent est touffu. Ils sont pourtant intéressants à connaître comme expression des mentalités religieuses dans les premiers siècles du christianisme. On les classe généralement en trois familles. Pour chacune d'entre elles on trouvera ci-dessous les noms des principaux évangiles connus, ainsi que des citations assez longues permettant de se faire une idée de leur contenu.

Les évangiles judéo-chrétiens

Les communautés juives chrétiennes mises à

mal par le pouvoir romain à la suite des révoltes juives du Iᵉʳ et du IIᵉ siècle rassemblèrent leurs traditions dans des évangiles aujourd'hui perdus dont on pense qu'ils ont été rédigés entre 100 et 150 de notre ère. On n'en connaît que les titres — des titres différents pouvant parfois être donnés à la même œuvre — ou des fragments minuscules. Tels sont l'*Évangile des Hébreux* (ou *des Nazaréens*), l'*Évangile des Égyptiens*, l'*Évangile des Ébionites* (du mot hébreu *ebiôn* qui signifie « pauvre » ; la même œuvre est connue sous le nom d'*Évangile des douze Apôtres*).

Proche des milieux judéo-chrétiens sans en être pourtant directement issu, existe aussi un *Évangile de Pierre*, déjà cité, habituellement daté des environs de l'année 130. Un fragment important en a été retrouvé en 1886 à Akhmim, en Haute-Égypte, rapportant la passion et la résurrection de Jésus. Il décrit la Résurrection, alors que les évangiles canoniques se contentent d'en rapporter les suites, visites au tombeau ouvert, apparitions du Ressuscité aux disciples. La scène composée par l'auteur baigne dans une sorte de solennité irréelle :

> Le lendemain, au commencement du sabbat, de Jérusalem et des environs arriva une foule qui voulait voir le sépulcre scellé. Dans la nuit qui précéda le dimanche, tandis que les soldats relevaient la garde, deux par deux, une grande voix retentit dans le ciel. Et ils virent s'ouvrir les cieux et deux hommes, nimbés de lumière, en descendre et s'approcher du tombeau. La pierre qui avait été placée à la porte roula d'elle-même, et se rangea de côté, et le tombeau s'ouvrit et les deux jeunes gens entrèrent. A cette vue, les soldats réveillèrent le centurion et les Anciens, qui étaient là, eux aussi, à monter la garde. Et quand ils leur eurent raconté ce qu'ils avaient vu, ils virent à nouveau trois

hommes sortir du tombeau ; deux d'entre eux soutenaient le troisième et une croix les suivait. Et tandis que la tête des deux premiers atteignait le ciel, celle de l'homme qu'ils conduisaient par la main dépassait les cieux. Et l'on entendit une voix disant des cieux : « As-tu annoncé la nouvelle à ceux qui dorment ? » Et de la croix on entendit la réponse : « Oui. »

Évangile de Pierre, 34-42
Traduction M.-G. Mara

Mise au point

VALEUR HISTORIQUE DES ÉVANGILES APOCRYPHES

*Les évangiles apocryphes furent moins diffusés que les autres dans l'Europe chrétienne ; il exista même, au Moyen Age notamment, des autodafés dans lesquels disparurent des manuscrits anciens d'ouvrages jugés non conformes à la doctrine officielle de l'Église. En sont-ils pour autant plus vrais ? Si des textes comme l'*Évangile de Pierre *ou l'*Évangile selon Thomas *furent perdus pendant plusieurs siècles, ce n'est pas tant parce qu'ils ont été sciemment occultés ou détruits, que parce que les milieux dans lesquels ils étaient nés n'avaient pas eu de postérité et que l'oubli avait joué son rôle.*

*Soumis à un examen critique, les évangiles apocryphes dont le texte nous est parvenu se révèlent avoir été rédigés au plus tôt dans le courant du II*e *siècle. Il n'est aucunement exclu qu'ils soient l'écho de traditions plus anciennes. Mais, dans l'ensemble, ils sont plutôt moins fiables historiquement que les quatre récits conservés dans le Nouveau Testament.*

Un exemple illustrera le dialogue qu'on peut instaurer entre évangiles canoniques et évangiles apocryphes : la question des frères et des sœurs de Jésus.

Les évangiles gnostiques

Les découvertes de Nag Hamadi ont permis de connaître, en traduction copte, plusieurs évangiles nés dans les milieux gnostiques dont on ignorait précédemment tout, même parfois le nom. La plupart sont de la seconde moitié du IIe siècle : *Évangile de Vérité, Évangile de Philippe, Évangile selon Thomas*. Ce dernier est d'un intérêt tout particulier. Prétendant être un ensemble de révélations secrètes faites par le Christ à l'apôtre saint Thomas, c'est un recueil de cent quatorze paroles mises dans la bouche de Jésus, quelques-unes insérées dans un court dialogue. Plusieurs d'entre elles sont également rapportées dans les évangiles de Matthieu, Marc, Luc et Jean, parfois sous une forme légèrement différente, et il est incontestable que toute une part de l'*Évangile selon Thomas* repose sur des traditions fort anciennes ; on y trouve même des paroles qui ont toutes chances d'avoir été prononcées par Jésus bien que n'étant pas rapportées par les autres évangiles.

Des publications tapageuses des dernières décennies ont voulu en faire un témoignage entièrement authentique, plus fiable même que les évangiles « officiels », volontairement tenu secret par des autorités religieuses avant tout soucieuses de préserver leur doctrine et leur pouvoir. Cette façon de flatter à bon compte le goût de nos contemporains pour l'ésotérisme et le mystère n'est ni très sérieuse ni très honnête ; car il est incontestable que, à côté de paroles authentiques de Jésus, l'*Évangile selon Thomas* contient des discours marqués par un mépris du monde créé et par un goût pour les spéculations évasives directement issus du IIe siècle. En voici une section révélatrice de ce mélange de genres :

Ces hommes et ces femmes ont existé, il en est question tant chez Matthieu que chez Marc, Luc et Jean (voir, entre autres, Mc 6,3). Qui étaient-ils ?

De proches cousins ? — C'est peu probable. Car, si le terme de « frère » est communément utilisé au Ier siècle de notre ère pour désigner un proche parent mâle, l'usage est beaucoup moins assuré pour le féminin « sœur ».

S'agit-il d'autres enfants de Joseph et Marie, nés après Jésus ? — C'est possible, mais aucun texte ne permet de l'affirmer ; et c'est contraire aux traditions anciennes qui font de Jésus le seul fils de Marie.

Les apocryphes orientent vers une autre voie, sans doute meilleure. Le Protévangile de Jacques *et d'autres apocryphes présentent Joseph comme un veuf, déjà père de famille au moment de son mariage avec Marie. Fidèle à cette présentation, l'imagerie ancienne lui donne en général les traits d'un vieillard. Les enfants d'un premier lit de Joseph pourraient alors être les frères et sœurs de Jésus dont parlent presque tous les textes, l'Antiquité ne faisant pas la différence entre frère et demi-frère.*

Jésus dit : « La moisson est grande mais les ouvriers sont peu nombreux. Priez le Seigneur pour qu'il envoie des ouvriers à la moisson. »

Il a dit : « Seigneur, beaucoup sont autour de l'ouverture mais personne dans le puits ! »

Jésus dit : « Beaucoup se tiennent dehors à la porte, mais ce sont les solitaires seuls qui entreront dans la chambre nuptiale. »

Jésus dit : « Le Royaume du Père est pareil à un homme, un négociant, qui a un fardeau et qui a trouvé une perle. Ce négociant est un sage : il a vendu le fardeau et s'est acheté la perle seule. Vous aussi, cherchez son trésor qui ne périt point, qui demeure, dans lequel la teigne ne pénètre pas pour ronger et où le ver ne détruit point. »

Jésus dit : « Je suis la lumière, celle qui est sur tous. Je suis le Tout, et le Tout est sorti de moi et Tout est revenu à moi. Fends le bois : je suis là ; soulève la pierre et tu m'y trouveras. »

Évangile selon Thomas, 73-77
Traduction J. Doresse

Les évangiles-fictions

En dehors des évangiles apocryphes rédigés dans des milieux précis, gnostique ou judéo-chrétien, existe une abondante littérature évangélique qui n'a pas d'autre intention claire que de combler les trous laissés vides par les écrits plus anciens. Ils sont l'aboutissement d'une curiosité populaire bien compréhensible.

Il est vrai qu'en dehors des trois années de sa prédication, des événements entourant sa naissance et de la fameuse scène parmi les docteurs quand il avait douze ans (Lc 2,41-52), nous sommes finalement très ignorants sur la vie de Jésus de Nazareth ; trente ans de vide, c'est beaucoup ! L'imagination se trouve face à un terrain vierge qu'elle s'empresse d'occuper. Ainsi, en notre XXe siècle fasciné par les mystiques orientales, surgissent des propos purement gratuits sur un prétendu séjour de Jésus en Iran, aux Indes, au Tibet, peu importe, tous lieux où il aurait pu s'initier à des pratiques plus ou moins occultes expliquant son grand savoir et sa capacité d'accomplir des miracles. Le même état d'esprit est à l'origine d'évangiles apocryphes dont la composition s'échelonne, pour la plupart d'entre eux, entre le IIe et le VIe siècle de notre ère, principalement consacrés à l'enfance et à l'adolescence du Christ.

C'est d'eux que nous tenons les noms des parents de la Vierge, Anne et Joachim ; le bœuf et l'âne de la crèche ; les noms des mages, Melchior, Balthazar et Gaspard ; sans compter d'innombrables récits anecdotiques prêtant science et puissance au jeune Jésus, petit prodige dès le berceau !

Il est fort difficile, dans un tel fatras, de faire la part des traditions anciennes et de l'imagination pure. Disons que, globalement, la plate-forme historique de ces récits est extrêmement réduite. En voici quelques noms accompagnés des dates les plus vraisemblables : *Protévangile de Jacques* (fin du IIe siècle), *Évangile de Joseph* (IVe siècle), *Évangile du pseudo-Thomas* (Ve siècle), *Évangile du pseudo-Matthieu* (VIe siècle). Ils sont tous trop tardifs pour avoir risqué de figurer au canon des Écritures chrétiennes.

A titre d'illustration, voici une scène de l'*Évangile du pseudo-Matthieu,* aussi touchante que naïve, située pendant la fuite en Égypte :

> Or, il advint que le troisième jour de leur déplacement, Marie se trouva fatiguée par l'ardeur du soleil dans le désert. Apercevant un palmier, elle dit à Joseph : « Je me reposerai un peu sous son ombre. » Joseph s'empressa de la conduire auprès du palmier et la fit descendre de l'ânesse. Quand Marie fut assise, elle regarda vers la cime du palmier et la vit chargée de fruits. « Je voudrais, s'il est possible, dit-elle à Joseph, goûter des fruits de ce palmier. » Joseph lui répondit : « Je m'étonne que tu parles ainsi ; tu vois à quelle hauteur sont les palmes, et tu te proposes de manger de leurs fruits ! Quant à moi, c'est bien davantage le manque d'eau qui m'intéresse, car il n'y en a plus dans nos outres,

> et nous n'avons pas de quoi nous abreuver, nous et nos montures. » Alors le petit enfant Jésus, qui reposait calmement sur le sein de sa mère, dit au palmier : « Penche-toi, arbre, et nourris ma mère de tes fruits ! » Et obéissant à ces mots, le palmier inclina aussitôt sa cime jusqu'aux pieds de Marie, pour qu'on y cueillît des fruits dont tous se rassasièrent. Quand tous les fruits eurent été cueillis, l'arbre demeurait incliné, attendant l'ordre de celui qui lui avait demandé de s'incliner. Alors, Jésus lui dit : « Redresse-toi, palmier, reprends ta force ! Tu partageras désormais le sort de mes arbres qui sont au Paradis de mon Père. Ouvre de tes racines la source cachée au fond de la terre et que des eaux en jaillissent pour notre soif ! » Aussitôt le palmier se redressa, et d'entre ses racines se mirent à jaillir des sources d'eaux très limpides, très fraîches et très douces. Et, voyant ces sources, ils furent pleins d'une grande joie, ils se désaltérèrent, eux, leurs gens et toutes leurs bêtes, et ils rendirent grâces à Dieu.
>
> *Évangile du pseudo-Matthieu*, XX
> Traduction F. Amiot

Ce catalogue n'est pas complet ; il fournit les titres des évangiles apocryphes les plus anciens actuellement connus. Mais on ne peut exclure que des découvertes archéologiques futures, d'une importance comparable à celles de Nag Hamadi, permettent de mettre la main sur des textes aujourd'hui ignorés. Par ailleurs, la composition d'évangiles-fictions s'est poursuivie bien au-delà du VIe siècle, date des derniers documents ci-dessus mentionnés. Est-il abusif de dire qu'elle dure encore ?

Les hommes n'en finissent pas de réécrire l'Évangile à leur manière, sous les formes les plus variées, roman compris. Des « cinquièmes évangiles » ont surgi dans toutes les littératures touchées de près ou de loin par le christianisme, et rien n'est plus normal. La fascination qu'exerce le personnage de Jésus, attirante ou inquiétante, n'a pas fini d'inspirer des fictions. Leur valeur en tant que documents sur Jésus est en général faible ; mais leur qualité littéraire peut être grande ; et elles sont toujours un témoignage intéressant sur le visage que les hommes donnent à Jésus à travers les siècles.

Mise au point

ÉCRIRE UN CINQUIÈME ÉVANGILE

Bien des auteurs s'y sont essayés, l'un des derniers en date étant un écrivain italien, Mario Pomilio. Son roman intitulé Le Cinquième Évangile *fut publié en 1975. Traduit en français, il reçut le Prix du meilleur livre étranger.*

Les dernières pages mettent en scène des personnages historiques (Pilate, Judas, Pierre, Jean, etc.) mêlés à des héros du roman. Le cinquième évangéliste est présent, énigmatique ; ses interventions au cours de la conversation font progressivement tomber le masque derrière lequel chacun se protège. La dernière indication scénique est celle-ci :

Lentement, le cinquième évangéliste se lève et s'approche de Pilate, se libérant peu à peu du bandeau qui entoure son visage. Quand il a fini, on découvre, dans le silence général, un homme qui a le visage même de Jésus. Pilate, un instant après, tend la main pour se saisir de lui.

5

La transmission

Nous ne possédons des évangélistes aucun manuscrit autographe. Matthieu, Marc, Luc et Jean n'ont d'ailleurs peut-être jamais écrit leurs œuvres de leur propre main car, dans l'Antiquité, on dictait souvent ses discours ou sa correspondance à un scribe professionnel. De toute façon, quel qu'en ait été le copiste, les originaux sont perdus. Entre le texte rédigé au Ier siècle et son lecteur d'aujourd'hui existe une longue chaîne d'intermédiaires qu'on peut diviser en deux sections.

Une première période couvre les deux ou trois cents ans qui se sont écoulés entre la rédaction des évangiles par leurs auteurs et l'écriture des plus anciens manuscrits en notre possession. Ils remontent en gros au IVe siècle. Comment peut-on savoir s'ils sont la reproduction fidèle des originaux ? C'est une des questions importantes posées par la critique.

Un second intervalle de temps, plus long, va du IVe siècle à nos jours, des manuscrits antiques à nos bibles imprimées en langue moderne. C'est une histoire intéressante à connaître car elle révèle le comportement d'une communauté à l'égard de ses textes fondateurs. Mais les éventuelles erreurs de transmission sont moins graves pour nous, car les éditeurs contemporains ont toujours la possibilité de se référer aux manuscrits anciens soigneusement conservés dans des bibliothèques.

DU TEXTE ORIGINAL AUX ANCIENS MANUSCRITS

Le fait que nous ne possédons pas les manuscrits originaux des évangiles n'a rien d'extraordinaire. Il est commun à tous les écrits de l'Antiquité rédigés sur un support fragile : papyrus ou parchemin. La pierre est plus solide, mais on n'y gravait guère que des inscriptions officielles.

Les manuscrits évangéliques en notre possession sont des copies de copies. Les plus anciens sont écrits sur papyrus, moins cher que le parchemin, mais beaucoup moins solide. Souvent fragmentaires ou détériorés, ils ne nous livrent, pour plusieurs d'entre eux, que quelques lignes de texte. Ils correspondent à l'époque où les communautés chrétiennes, sans existence officielle et parfois même inquiétées par le pouvoir, n'avaient que des moyens financiers limités. A partir du IVe siècle et de la paix constantinienne, au contraire, l'Église aura pignon sur rue et les communautés les plus riches pourront se payer des livres en parchemin qui se sont bien conservés jusqu'à nos jours : des IVe et Ve siècles nous possédons plusieurs manuscrits entiers du Nouveau Testament.

Les principaux manuscrits

Environ cinq mille manuscrits grecs des textes du Nouveau Testament ont été inventoriés : une petite centaine est composée de papyrus, les autres sont des parchemins. Le catalogue ci-dessous n'est qu'une maigre sélection des plus remarquables.

A tout seigneur tout honneur ! Le plus ancien manuscrit évangélique actuellement connu est un fragment de papyrus mesurant 6 x 9 centimètres, où l'on peut lire quelques versets du quatrième évangile : Jean, chapitre 18, versets 31 à 33, et 37 à 38. Découvert en Égypte en 1920, il est habituellement daté, en fonction de son type d'écriture, de la première moitié du IIe siècle. Si l'on considère que l'évangile de Jean fut rédigé aux alentours de l'an 90, c'est dire qu'il n'est séparé de l'original que par une cinquantaine d'années. Il est actuellement conservé dans la John Rylands Library, à Manchester en Grande-Bretagne. On le désigne par le sigle p^{52} (p comme papyrus).

Après lui viennent quelques papyrus habituellement datés des environs de l'an 200 et ne comportant toujours que quelques versets des évangiles, Jean et Matthieu principalement : le p^{64} conservé à la bibliothèque du Magdalean College, à Oxford ; le p^{66} appartenant à la collection Bodmer de Genève ; et le p^{67} que possède la Fondation Saint-Luc-Évangéliste, de Barcelone.

Plus récent, mais également beaucoup plus complet, est un papyrus de la collection Chester-Beatty, de Dublin, dont une trentaine de feuillets sont conservés. C'est le plus ancien manuscrit actuellement connu qui ne soit pas seulement fragmentaire. Il reproduit de longs passages de chaque évangile, et même quelques chapitres entiers (sigle p^{45}).

Quant aux manuscrits sur parchemin, ils comportent en général des sections beaucoup plus importantes de texte : le Nouveau Testament est entier, et souvent l'Ancien le précède, en traduction grecque. Deux de ces documents sont du IVe siècle.

Le *Sinaiticus* fut découvert en 1844 au monastère Sainte-Catherine du Sinaï d'où il tire son nom. C'est un gros livre de plusieurs centaines de pages et d'une très belle écriture qui comportait originellement toute la Bible en grec. Plusieurs pages de l'Ancien Testament sont perdues, mais le Nouveau est pratiquement intact. Après bien des péripéties, ce document d'une importance exceptionnelle aboutit au British Museum de Londres où il se trouve actuellement.

De la même époque date le *Vaticanus* qui fait partie, comme son nom l'indique, du fonds ancien de la Bibliothèque vaticane. Lui aussi comporte, malgré des lacunes de quelques pages, l'ensemble de la Bible grecque, Ancien et Nouveau Testament.

Un peu plus récents mais presque aussi importants pour la recherche du texte original sont trois grands manuscrits du Ve siècle reproduisant également la Bible tout entière :

- L'*Alexandrinus,* actuellement au British Museum ;
- Le *Codex Ephraemi,* un palimpseste déposé à la Bibliothèque nationale de Paris ; plusieurs pages du texte biblique furent grattées au XIIe siècle et réutilisées par un copiste qui y écrivit des textes de saint Éphrem, d'où le nom habituellement donné à ce document ;
- Le *Codex Bezae,* manuscrit bilingue grec et latin, donné à l'université de Cambridge en 1581 par le protestant français Théodore de Bèze, de qui il tient son habituelle dénomination.

Tous ces documents sont des livres composés de feuillets et de pages, comme nos ouvrages modernes ; en latin, *codex*. Mais les manuscrits anciens, juifs notamment, étaient souvent présentés sous une forme différente, le rouleau (en latin, *volumen*) qu'on roule et déroule sur deux bâtons pour faire apparaître le texte qu'on veut lire. Des rouleaux bibliques enfermés dans des étuis de cuir ou de bois sont encore utilisés aujourd'hui dans les synagogues.

A la recherche de l'original

Le temps écoulé entre la rédaction des évangiles par leurs auteurs et l'écriture des manuscrits par lesquels nous en connaissons le texte peut paraître long : trois ou quatre siècles pendant lesquels les copistes se sont recopiés les uns les autres, cela rend possible un grand nombre d'erreurs de transmission, volontaires ou involontaires. En fait, comparé à ce qui s'est passé pour les autres écrits de l'Antiquité, c'est un délai extrêmement court. Plus de quatorze siècles séparent la vie des grands auteurs grecs que sont Sophocle ou Aristophane des manuscrits par lesquels nous connaissons leurs œuvres. L'intervalle est souvent un peu plus court pour les auteurs latins : neuf siècles pour César, cinq pour Tite-Live, au moins quatre pour Virgile dont nous possédons un manuscrit du VIe siècle. Le nombre et l'antiquité des témoins sont bien supérieurs pour le Nouveau Testament que pour les écrits profanes de la même époque.

Il n'empêche que la perte des originaux est un manque, manque que les chercheurs doivent s'efforcer sans cesse de combler par un patient travail effectué sur les manuscrits entre lesquels existent de multiples variantes. C'est ce qu'on appelle la critique textuelle.

Pour un passage donné, elle consiste à inventorier toutes les variantes existantes et à apprécier leur valeur, la meilleure étant celle qui n'est pas explicable par une correction ou une erreur, mais à partir de laquelle on peut expliquer toutes les autres. Mises à part les erreurs involontaires, toujours possibles, un copiste peut avoir explicité des expressions trop concises ou supprimé des passages obscurs ; ses corrections seront reproduites chaque fois que son texte servira de modèle à un autre copiste qui fera lui-même des corrections ou des erreurs ; et ainsi de suite... On comprend qu'au bout de plusieurs siècles, on aboutisse à quelques milliers de variantes, mineures pour la plupart, mais non négligeables.

L'établissement d'une édition critique du Nouveau Testament est un travail considérable auquel travaillent des équipes internationales de chercheurs. Sans prétendre reproduire à coup sûr les textes originaux rédigés par Matthieu, Marc, Luc et Jean, on est arrivé, avec les méthodes contemporaines, à des résultats d'une haute qualité scientifique.

DES ANCIENS MANUSCRITS A NOS BIBLES IMPRIMÉES

L'histoire des évangiles ne s'arrête pas à l'écriture du texte grec par des copistes du IVe et du Ve siècle. Les chrétiens ont continué de se référer aux documents fondateurs que leurs pères dans la foi avaient rédigés. Ils ont recopié, organisé, traduit et finalement imprimé. Un parcours rapide des quinze cents ans d'histoire qui nous séparent des plus anciens manuscrits donnera une idée des étapes par lesquelles est passée la vie des évangiles.

Dès le IIIe siècle, des besoins de traductions se

sont fait sentir. La langue grecque, qui était comprise dans pratiquement tout l'Empire romain au Ier et au IIe siècle — un grec passablement abâtardi comme toutes les langues très diffusées —, recula. A Rome, par exemple, le latin redevint la langue de tous après n'avoir été parlé, pendant presque deux siècles, que par les élites intellectuelles et politiques. C'est dans ce contexte de mutation culturelle que furent élaborées les premières traductions évangéliques : en latin, en syriaque et en copte (un dérivé de l'égyptien ancien).

Ces premières traductions sont très littérales et fort peu littéraires. Assez vite, elles devinrent insatisfaisantes et on en reprit certaines en même temps qu'on traduisit les évangiles et la Bible dans de nouvelles langues. Une autre traduction latine fut élaborée sous l'impulsion de saint Jérôme (347-420) : la *Vulgate* (= la populaire) ; peu après, apparut une nouvelle traduction, syriaque : la *Peshitta* (= la simple).

Déjà une traduction arménienne avait été composé au début du IVe siècle pour répondre aux besoins des fidèles du royaume d'Arménie, le premier État du monde à avoir accepté le christianisme comme religion officielle. Puis vinrent des traductions géorgienne, gothique, éthiopienne, et bien d'autres...

Outre l'intérêt qu'elles présentent comme monuments littéraires, ces traductions anciennes sont utilisées en critique textuelle pour la recherche des originaux grecs ; comme elles peuvent avoir été faites sur des manuscrits autres que ceux que nous possédons, on peut, en les retraduisant en grec, reconstituer des variantes inédites du texte original. Pour une telle utilisation, plus une traduction est littérale, meilleure elle est.

Parmi toutes les traductions anciennes réalisées, certaines eurent un sort très privilégié. La *Vulgate*, par exemple, devint rapidement le texte officiel de l'Église d'Occident au point de supplanter l'original grec et de servir à son tour de texte de base pour les traductions médiévales. Ainsi les premières traductions des évangiles en français furent-elles réalisées à partir de la *Vulgate* : ce sont des traductions de traduction.

C'est à la fin du XIIe siècle qu'apparurent en France les premiers essais de traduction dans la langue du peuple. « Adaptation » conviendrait d'ailleurs mieux que « traduction », car c'étaient plutôt des résumés à l'usage des prédicateurs pas toujours capables de comprendre le texte latin sur lequel ils devaient parler le dimanche à la messe. Maurice de Sully (mort en 1196), le constructeur de Notre-Dame de Paris, est l'auteur d'un de ces essais. A la même époque circulait un recueil du même genre dans le diocèse de Metz.

Dès le départ, la réaction de Rome fut réservée. Des prédicateurs jugés hérétiques, notamment Pierre Valdo, marchand lyonnais fondateur des Vaudois, prônaient ces adaptations en langue populaire pour que les fidèles aient accès aux textes sans la médiation de l'Église. Innocent III, pape de 1198 à 1216, prononça des mises en garde. Le mouvement était cependant lancé et les adaptations en langue moderne se poursuivirent. Pour le français médiéval, citons la *Bible d'Acre* (autour de 1250), la *Bible historiale*, éditée par Guyart des Moulins à la fin du XIIIe siècle, et la traduction des évangiles réalisée en 1333 par Jehan de Vignay à l'intention de Jehanne de Bourgogne, reine de France.

Lors de l'invention de l'imprimerie, la Bible fut évidemment à l'honneur. Le texte de la *Vulgate* est le premier livre que Gutenberg mit sous presse. Pour l'édition française, on reproduisit d'abord la *Bible* de Guyart des Moulins qui fut imprimée dès 1477.

L'imprimerie donna aux entreprises de traduction un nouvel essor. Posséder un livre était jusque-là le privilège des élites financières ; avec l'apparition des ouvrages imprimés, cela devint possible pour des budgets plus modestes, et les savants se mirent au travail pour répondre à la demande grandissante. En 1523, Jacques Lefèvre d'Étaples, un prêtre catholique, publiait une traduction française intégrale du Nouveau Testament réalisée à partir du texte de la Vulgate. Pour aider le lecteur à se repérer, il mit au point la division des chapitres en versets, système de référence encore utilisé de nos jours. Parallèlement les protestants prenaient leurs distances par rapport à la Vulgate, texte catholique officiel, et publiaient des traductions françaises sur les textes originaux, hébreu pour l'Ancien Testament, grec pour le Nouveau. Les éditions d'Olivétan (1535) et de Sébastien Castellion (1555) furent les plus utilisées en milieu réformé au XVIe siècle et furent l'objet de plusieurs révisions à l'époque classique. Entre-temps, en milieu catholique, se remarque principalement la traduction de Louis-Issac Le Maistre de Sacy (1665) dont l'auteur eut des difficultés avec le pouvoir royal en raison de ses convictions jansénistes.

Le renouveau biblique qui commença à la fin du XIXe siècle fut l'occasion d'une intense floraison de traductions nouvelles. Chez les protestants, la *Bible* de Louis Segond (1re édition en 1880) fut très abondamment diffusée. Peu après paraissait la première traduction française catholique faite à partir de l'hébreu et du grec et non plus du latin de la Vulgate. Elle fut réalisée par l'abbé Auguste Crampon, à partir de 1894.

Actuellement, le principe de traduire sur les textes originaux est admis par toutes les confessions. Une vingtaine de traductions françaises sont aujourd'hui commercialisées. La *Traduction œcuménique de la Bible* (TOB) marqua un nouveau pas dans le rapprochement des confessions chrétiennes, car elle est l'œuvre conjointe de catholiques, de protestants, d'orthodoxes et d'anglicans francophones (1re édition en 1972).

En 1985, la Bible entière existait en 293 langues ; si l'on ajoute les recueils partiels (par exemple un seul des deux testaments) et les anthologies, on atteint le total de 1 829 langues dans lesquelles ont été publiés des textes bibliques. De plus, trois cent soixante traductions dans des langues nouvelles sont actuellement en projet *.

La production biblique annuelle est, en cette fin de siècle, d'environ deux millions d'exemplaires pour les bibles complètes. Avec les recueils partiels et les morceaux choisis, on arrive à un nombre qui oscille entre sept et dix millions selon les années (chiffres publiés dans le Bulletin des *United Bible Societies*).

La Bible est, de nos jours, l'ouvrage le plus traduit et le plus diffusé du monde ; et, dans l'ensemble des textes bibliques, les évangiles se taillent, comme on peut s'en douter, la part du lion. Déjà longue de près de deux millénaires, l'histoire des évangiles est loin d'être achevée.

---

* Chiffres communiqués par l'Alliance biblique française, Paris.

ANNEXES

Références bibliques

La division des livres bibliques en chapitres et en versets est la même pour toutes les bibles. On indique d'abord le nom du livre en abrégé (voir liste ci-dessous), ensuite le numéro du chapitre, puis celui du ou des verset(s). Selon les conventions actuelles, un numéro de chapitre et un numéro de verset sont *toujours* séparés par une virgule.

Exemples

Ac 15,13 = Actes des Apôtres, chapitre 15, verset 13.

Ac 15,13-16 = Actes des Apôtres, chapitre 15, versets 13 à 16.

Jn 14,1—15,6 = Évangile de Jean, chapitre 14, verset 1, à chapitres 15, verset 6.

Gn 1-2 = Genèse, chapitres 1 et 2.

Gn 1,1.14 = Genèse, chapitre 1, versets 1 et 14.

Jr 1,16 ; 14,21 = Jérémie, chapitre 1, verset 16, et chapitre 14, verset 21.

Liste alphabétique des livres bibliques

Ab	Abdias
Ac	Actes des Apôtres
Ag	Aggée
Am	Amos
Ap	Apocalypse
Ba	Baruch
1 Ch	1er des Chroniques
2 Ch	2e des Chroniques
1 Co	1re Ép. aux Corinthiens
2 Co	2e Ép. aux Corinthiens
Col	Épître aux Colossiens
Ct	Cantique des Cantiques
Dn	Daniel
Dt	Deutéronome
	Ecclésiaste = Qohélet (Qo)
	Ecclésiastique = Sirac (Si)
Ep	Épître aux Éphésiens
Esd	Esdras
Est	Esther
Ex	Exode
Ez	Ézéchiel
Ga	Épître aux Galates
Gn	Genèse
Ha	Habaquq

He	Hébreux
Is	Isaïe *
Jb	Job
Jc	Épître de Jacques
Jdt	Judith
Jg	Juges
Jl	Joël
Jn	Évangile de Jean
1 Jn	1re Ép. de Jean
2 Jn	2e Ép. de Jean
3 Jn	3e Ép. de Jean
Jon	Jonas
Jos	Josué
Jr	Jérémie
Jude	Épître de Jude
Lc	Évangile de Luc
Lm	Lamentations
Lv	Lévitique
1 M	1er des Maccabées
2 M	2e des Maccabées
Mc	Évangile de Marc
Mi	Michée
Ml	Malachie
Mt	Évangile de Matthieu
Na	Nahum
Nb	Nombres
Ne	Néhémie
Os	Osée
1 P	1re Ép. de Pierre
2 P	2e Ép. de Pierre
Ph	Épître aux Philippiens
Phm	Épître à Philémon
Pr	Proverbes
Ps	Psaumes

* Attention ! Dans quelques bibles françaises, Isaïe est transcrit Esaïe (en abrégé Es).

Qo	(Qohélet =) Ecclésiaste
1 R	1er des Rois
2 R	2e des Rois
Rm	Épître aux Romains
Rt	Ruth
1 S	1er de Samuel
2 S	2e de Samuel
Sg	Sagesse
Si	(Sirac =) Ecclésiastique
So	Sophonie
Tb	Tobie
1 Th	1re Ép. aux Thessaloniciens
2 Th	2e Ép. aux Thessaloniciens
1 Tm	1re Ép. à Timothée
2 Tm	2e Ép. à Timothée
Tt	Épître à Tite
Za	Zacharie

Quelques mots techniques

Apocalypse (du grec *apokalypsis* = révélation). Désigne des ouvrages rédigés en période de persécution, dans lesquels Dieu annonce à un voyant des bouleversements rendant justice aux justes et châtiant les impies. Il existe des écrits apocalyptiques dans l'Ancien Testament (par exemple le livre de Daniel), une apocalypse dans le Nouveau Testament (celle de Jean), et de nombreuses apocalypses apocryphes.

Apocryphe (du grec *apokryphos* = caché). Désigne un écrit généralement attribué à un personnage biblique, non reçu dans le canon des Écritures chrétiennes. Il existe des évangiles apocryphes, des actes apocryphes, des apocalypses apocryphes.

Canon (du grec *kanôn* = roseau, règle). Le canon est la liste des Écritures chrétiennes. Un livre canonique fait partie de la Bible, à la différence d'un livre apocryphe.

Église (du grec *ekklèsia* = assemblée). Désigne soit le groupe chrétien tout entier réuni autour de ses chefs, soit une communauté locale : par exemple l'Église de Corinthe, l'Église de Jérusalem.

Essénien. L'un des trois grands courants juifs religieux du Ier siècle. Les esséniens vivaient à l'écart des villes un idéal de pureté rituelle, dans l'attente de bouleversements qui rétabliraient à Jérusalem un culte légitime. Les fameux manuscrits de la mer Morte, découverts à Qumrân en 1947, sont des documents esséniens.

Exode. Désigne la migration que plusieurs tribus juives firent d'Égypte en Canaan, au XIIIe siècle avant Jésus Christ. Le second livre de la Bible porte ce nom.

Homélie (du grec *homilia* = réunion). Discours prononcé dans le cadre d'une réunion de prière, qu'on appelle aussi « sermon ».

Messie (mot hébreu = oint). Désigne les rois d'Israël et, au Ier siècle de notre ère, un libérateur que Dieu enverrait pour instaurer un règne de justice et de paix. Pour les chrétiens, Jésus de Nazareth fut le Messie attendu.

Mishna (mot hébreu = répétition). La partie la plus ancienne du Talmud, mise par écrit au IIe siècle de notre ère.

Nisan. L'un des douze mois du calendrier juif, à cheval sur mars et avril.

Palimpseste. Parchemin manuscrit dont on a gratté la première écriture pour écrire un nouveau texte.

Pâque. Fête juive commémorant la sortie d'Égypte, célébrée le soir du 14 nisan et la journée du 15. Pour les chrétiens, Jésus étant ressuscité le dimanche suivant la Pâque juive, la fête de Pâques célèbre cette résurrection et tombe toujours un dimanche.

Pharisien. L'un des trois grands courants juifs religieux du Ier siècle. Les pharisiens interprètent la loi juive de façon en même temps ouverte et minutieuse. Jésus reprocha, aux pharisiens de son temps surtout, leur tendance à se considérer comme une élite.

Pseudépigraphe (du grec *pseudepigraphos* = dont le titre est faux). Désigne un écrit faussement attribué à un auteur.

Publicain. Collecteur des impôts romains. Les publicains juifs étaient habituellement méprisés par leurs concitoyens.

Sadducéen. L'un des trois grands courants juifs religieux du Ier siècle, dont faisaient partie la plupart des prêtres. Les sadducéens font figure de groupe très conservateur.

Sanhédrin. Sorte de sénat juif, composé de soixante et onze membres.

Seder (mot hébreu = arrangement). Document liturgique composé à partir de textes de la loi juive ; le seder pascal est utilisé pour la célébration de la Pâque.

Talmud (mot hébreu = enseignement). Ensemble de la loi juive orale, mise par écrit par les rabbins. On distingue le Talmud de Jérusalem (IVe siècle de notre ère) et le Talmud de Babylone (Ve siècle de notre ère), plus complet.

Pour aller plus loin

X. Léon-Dufour, C. Perrot, *L'Annonce de l'Évangile,* Paris, 1976.

Un classique sur la formation et le contenu des évangiles et des Actes des Apôtres.

É. Charpentier, *Pour lire le Nouveau Testament,* Paris, 1981.

Ouvrage très pédagogique, voulant aider à lire les évangiles et les autres textes du Nouveau Testament en les situant dans le milieu où ils ont été écrits.

P.-M. Beaude, *Jésus de Nazareth,* Paris, 1983.

Présentation de Jésus à travers les textes, textes évangéliques, textes juifs, textes païens du Ier siècle. Pose bien le problème du rapport entre texte et histoire.

P. Grelot, *Évangile et tradition apostolique,* Paris, 1984.

Livre polémique, répondant à quelques essais récents qui voudraient faire des évangiles des témoignages directs. Un ton vif au service de bonnes mises au point.

Table des matières

Composé par Nord-compo,
cette première édition de :

HISTOIRE DES ÉVANGILES

a été achevé d'imprimer
le 17 août 1987
par Brodard et Taupin
Reliure integra : Brun, Malesherbe
Dépôt légal : octobre 1987 - N° Éd. : 8329
N° Imp. : 6540-5

Imprimé en France